AF276320

COLEX

Disfrute gratuitamente **DURANTE UN AÑO** de los eBook y audiolibros de las obras de Editorial Colex*

⊗ Acceda a la página web de la editorial **www.colex.es**

⊗ Identifíquese con su usuario y contraseña. En caso de no disponer de una cuenta regístrese.

⊗ Acceda en el menú de usuario a la pestaña «Mis códigos» e introduzca el que aparece a continuación:

RASCAR PARA VISUALIZAR EL CÓDIGO

⊗ Una vez se valide el código, aparecerá una ventana de confirmación y su eBook y/o audiolibro estará disponible **durante 1 año desde su activación** en la pestaña «Mis libros» en el menú de usuario.

---

* Los audiolibros están disponibles en las ediciones más recientes de nuestras obras. Se excluyen expresamente las colecciones «Códigos comentados», «Biblioteca digital» y los productos de www.vademecumlegal.es.

No se admitirá la devolución si el código promocional ha sido manipulado y/o utilizado.

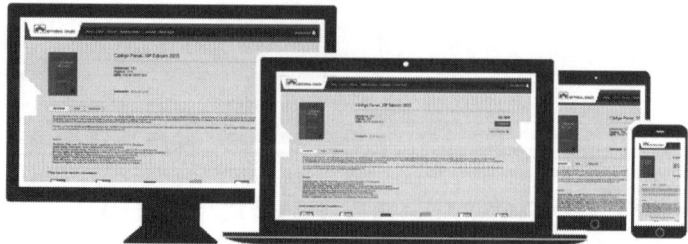

¡Gracias por confiar en nosotros!

La obra que acaba de adquirir incluye de forma gratuita la versión electrónica. Acceda a nuestra página web para aprovechar todas las funcionalidades de las que dispone en nuestro lector.

Funcionalidades eBook

Acceso desde cualquier dispositivo con conexión a internet

Idéntica visualización a la edición de papel

Navegación intuitiva

Tamaño del texto adaptable

 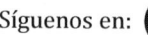

LEY DE PREVENCIÓN DE RIESGOS LABORALES Y REGLAMENTO DE SERVICIOS DE PREVENCIÓN

LEY DE PREVENCIÓN DE RIESGOS LABORALES Y REGLAMENTO DE SERVICIOS DE PREVENCIÓN

4.ª EDICIÓN 2026

(Edición actualizada a 15 de enero de 2026)

COLEX 2026

© Editorial Colex, S.L.
Calle Costa Rica, número 5, 3º B (local comercial)
A Coruña, 15004, A Coruña (Galicia)
info@colex.es
www.colex.es

I.S.B.N.: 979-13-7011-570-8
Depósito Legal: C 72-2026

MODIFICACIONES LEGISLATIVAS

Texto modificado	Texto nuevo

ABREVIATURAS

AAPP	Administraciones Públicas
ART	Artículo
BOE	Boletín Oficial del Estado
D.A.	Disposición Adicional
D.DT.	Disposición Derogatoria
D.F.	Disposición Final
D.T.	Disposición Transitoria
LPRL	Ley de prevención de Riesgos Laborales (Ley 31/1995, de 8 de noviembre)
LO	Ley Orgánica
RD	Real Decreto
RSP	Reglamento de los Servicios de Prevención (Real Decreto 39/1997, de 17 de enero)

SUMARIO

I.
LEY 31/1995, DE 8 DE NOVIEMBRE, DE PREVENCIÓN DE RIESGOS LABORALES

EXPOSICIÓN DE MOTIVOS 13

    CAPITULO I. Objeto, ámbito de aplicación y definiciones 17

    CAPITULO II. Política en materia de prevención de riesgos para proteger la seguridad y la salud en el trabajo 19

    CAPITULO III. Derechos y obligaciones 24

    CAPITULO IV. Servicios de prevención 33

    CAPITULO V. Consulta y participación de los trabajadores 36

    CAPITULO VI. Obligaciones de los fabricantes, importadores y suministradores 41

    CAPITULO VII. Responsabilidades y sanciones 42

DISPOSICIONES ADICIONALES 44

DISPOSICIONES TRANSITORIAS 49

DISPOSICIONES DEROGATORIAS 49

DISPOSICIONES FINALES 50

II.
REAL DECRETO 39/1997, DE 17 DE ENERO, POR EL QUE SE APRUEBA EL REGLAMENTO DE LOS SERVICIOS DE PREVENCIÓN

CAPÍTULO I. Disposiciones generales 54

CAPÍTULO II. Evaluación de los riesgos y planificación de la actividad preventiva 55

    Sección 1.ª Evaluación de los riesgos 55

    Sección 2.ª Planificación de la actividad preventiva 58

CAPÍTULO III. Organización de recursos para las actividades preventivas 58

CAPÍTULO IV. Acreditación de entidades especializadas como servicios de prevención ajenos a las empresas 67

CAPÍTULO V. Auditorías 71

CAPÍTULO VI. Funciones y niveles de cualificación 75

CAPÍTULO VII. Colaboración de los servicios de prevención con el Sistema Nacional de Salud 78

DISPOSICIONES ADICIONALES 79

DISPOSICIONES TRANSITORIAS 82

DISPOSICIONES DEROGATORIAS 83

DISPOSICIONES FINALES. 83

ANEXOS 84

ÍNDICE ANALÍTICO 93

LEY 31/1995, DE 8 DE NOVIEMBRE, DE PREVENCIÓN DE RIESGOS LABORALES

I. LEY 31/1995, DE 8 DE NOVIEMBRE, DE PREVENCIÓN DE RIESGOS LABORALES

—BOE núm. 269, de 10 de noviembre de 1995—

JUAN CARLOS I
REY DE ESPAÑA

A todos los que la presente vieren y entendieren.

Sabed: Que las Cortes Generales han aprobado y Yo vengo en sancionar la siguiente Ley.

EXPOSICIÓN DE MOTIVOS

1

El artículo 40.2 de la Constitución Española encomienda a los poderes públicos, como uno de los principios rectores de la política social y económica, velar por la seguridad e higiene en el trabajo.

Este mandato constitucional conlleva la necesidad de desarrollar una política de protección de la salud de los trabajadores mediante la prevención de los riesgos derivados de su trabajo y encuentra en la presente Ley su pilar fundamental. En la misma se configura el marco general en el que habrán de desarrollarse las distintas acciones preventivas, en coherencia con las decisiones de la Unión Europea que ha expresado su ambición de mejorar progresivamente las condiciones de trabajo y de conseguir este objetivo de progreso con una armonización paulatina de esas condiciones en los diferentes países europeos.

De la presencia de España en la Unión Europea se deriva, por consiguiente, la necesidad de armonizar nuestra política con la naciente política comunitaria en esta materia, preocupada, cada vez en mayor medida, por el estudio y tratamiento de la prevención de los riesgos derivados del trabajo. Buena prueba de ello fue la modificación del Tratado constitutivo de la Comunidad Económica Europea por la llamada Acta Única, a tenor de cuyo artículo 118 A) los Estados miembros vienen, desde su entrada en vigor, promoviendo la mejora del medio de trabajo para conseguir el objetivo antes citado de armonización en el progreso de las condiciones de seguridad y salud de los trabajadores. Este objetivo se ha visto reforzado en el Tratado de la Unión Europea mediante el procedimiento que en el mismo se contempla para la adopción, a través de Directivas, de disposiciones mínimas que habrán de aplicarse progresivamente.

Consecuencia de todo ello ha sido la creación de un acervo jurídico europeo sobre protección de la salud de los trabajadores en el trabajo. De las Directivas que lo configuran, la más significativa es, sin duda, la 89/391/CEE, relativa a la aplicación de las medidas para promover la mejora de la seguridad y de la salud de los trabajadores en el trabajo, que contiene el marco jurídico general en el que opera la política de prevención comunitaria.

La presente Ley transpone al Derecho español la citada Directiva, al tiempo que incorpora al que será nuestro cuerpo básico en esta materia disposiciones de otras Directivas cuya materia exige o aconseja la transposición en una norma de rango legal, como son las Directivas 92/85/CEE, 94/33/CEE y 91/383/CEE, relativas a la protección de la maternidad y de los jóvenes y al tratamiento de las relaciones de trabajo temporales, de duración determinada y en empresas de trabajo temporal.

Así pues, el mandato constitucional contenido en el artículo 40.2 de nuestra ley de leyes y la comunidad jurídica establecida por la Unión Europea en esta materia configuran el soporte básico en que se asienta la presente Ley. Junto a ello, nuestros propios compromisos contraídos con la Organización Internacional del Trabajo a partir de la ratificación del Convenio 155, sobre seguridad y salud de los trabajadores y medio ambiente de trabajo, enriquecen el contenido del texto legal al incorporar sus prescripciones y darles el rango legal adecuado dentro de nuestro sistema jurídico.

2

Pero no es sólo del mandato constitucional y de los compromisos internacionales del Estado español de donde se deriva la exigencia de un nuevo enfoque normativo. Dimana también, en el orden interno, de una doble necesidad: la de poner término, en primer lugar, a la falta de una visión unitaria en la política de prevención de riesgos laborales propia de la dispersión de la normativa vigente, fruto de la acumulación en el tiempo de normas de muy diverso rango y orientación, muchas de ellas anteriores a la propia Constitución española; y, en segundo lugar, la de actualizar regulaciones ya desfasadas y regular situaciones nuevas no contempladas con anterioridad. Necesidades éstas que, si siempre revisten importancia, adquieren especial trascendencia cuando se relacionan con la protección de la seguridad y la salud de los trabajadores en el trabajo, la evolución de cuyas condiciones demanda la permanente actualización de la normativa y su adaptación a las profundas transformaciones experimentadas.

3

Por todo ello, la presente Ley tiene por objeto la determinación del cuerpo básico de garantías y responsabilidades preciso para establecer un adecuado nivel de protección de la salud de los trabajadores frente a los riesgos derivados de las condiciones de trabajo, y ello en el marco de una política coherente, coordinada y eficaz de prevención de los riesgos laborales.

A partir del reconocimiento del derecho de los trabajadores en el ámbito laboral a la protección de su salud e integridad, la Ley establece las diversas obligaciones que, en el ámbito indicado, garantizarán este derecho, así como las actuaciones de las Administraciones públicas que puedan incidir positivamente en la consecución de dicho objetivo.

Al insertarse esta Ley en el ámbito específico de las relaciones laborales, se configura como una referencia legal mínima en un doble sentido: el primero, como Ley que establece un marco legal a partir del cual las normas reglamentarias irán fijando y concretando los aspectos más técnicos de las medidas preventivas; y, el segundo, como soporte básico a partir del cual la negociación colectiva podrá desarrollar su función específica. En este aspecto, la Ley y sus normas reglamentarias constituyen legislación laboral, conforme al artículo 149.1.7.ª de la Constitución.

Pero, al mismo tiempo -y en ello radica una de las principales novedades de la Ley-, esta norma se aplicará también en el ámbito de las Administraciones públicas, razón por la cual la Ley no solamente posee el carácter de legislación laboral sino que constituye, en sus aspectos fundamentales, norma básica del régimen estatutario de los funcionarios públicos, dictada al amparo de lo dispuesto en el artículo 149.1.18.ª de la Constitución. Con ello se confirma también la vocación de universalidad de la Ley, en cuanto dirigida a abordar, de manera global y coherente, el conjunto de los problemas derivados de los riesgos relacionados con el trabajo, cualquiera que sea el ámbito en el que el trabajo se preste.

En consecuencia, el ámbito de aplicación de la Ley incluye tanto a los trabajadores vinculados por una relación laboral en sentido estricto, como al personal civil con relación de carácter administrativo o estatutario al servicio de las Administraciones públicas, así como a los socios trabajadores o de trabajo de los distintos tipos de cooperativas, sin más exclusiones que las correspondientes, en el ámbito de la función pública, a determinadas actividades de policía, seguridad, resguardo aduanero, peritaje forense y protección civil cuyas particularidades impidan la aplicación de la Ley, la cual inspirará, no obstante, la normativa específica que se dicte para salvaguardar la seguridad y la salud de los trabajadores en dichas actividades; en sentido similar, la Ley prevé su adaptación a las características propias de los centros y establecimientos militares y de los establecimientos penitenciarios.

4

La política en materia de prevención de riesgos laborales, en cuanto conjunto de actuaciones de los poderes públicos dirigidas a la promoción de la mejora de las condiciones de trabajo para elevar el nivel de protección de la salud y la seguridad de los trabajadores, se articula en la Ley en base a los principios de eficacia, coordinación y participación, ordenando tanto la actuación de las diversas Administraciones públicas con competencias en materia preventiva, como la necesaria participación en dicha actuación de empresarios y trabajadores, a través de sus organizaciones representativas. En este contexto, la Comisión Nacional de Seguridad y Salud en el Trabajo que se crea se configura como un instrumento privilegiado de participación en la formulación y desarrollo de la política en materia preventiva.

Pero tratándose de una Ley que persigue ante todo la prevención, su articulación no puede descansar exclusivamente en la ordenación de las obligaciones y responsabilidades de los actores directamente relacionados con el hecho laboral. El propósito de fomentar una auténtica cultura preventiva, mediante la promoción de la mejora de la educación en dicha materia en todos los niveles educativos, involucra a la sociedad en su conjunto y constituye uno de los objetivos básicos y de efectos quizás más transcendentes para el futuro de los perseguidos por la presente Ley.

5

La protección del trabajador frente a los riesgos laborales exige una actuación en la empresa que desborda el mero cumplimiento formal de un conjunto predeterminado, más o menos amplio, de deberes y obligaciones empresariales y, más aún, la simple corrección a posteriori de situaciones de riesgo ya manifestadas. La planificación de la prevención desde el momento mismo del diseño del proyecto empresarial, la evaluación inicial de los riesgos inherentes al trabajo y su actualización periódica a medida que se alteren las circunstancias, la ordenación de un conjunto coherente y globalizador de medidas de acción preventiva adecuadas a la naturaleza de los riesgos detectados y el control de la efectividad de dichas medidas constituyen los elementos básicos del nuevo enfoque en la prevención de riesgos laborales que la Ley plantea. Y, junto a ello, claro está, la información y la formación de los trabajadores dirigidas a un mejor conocimiento tanto del alcance real de los riesgos derivados del trabajo como de la forma de prevenirlos y evitarlos, de manera adaptada a las peculiaridades de cada centro de trabajo, a las características de las personas que en él desarrollan su prestación laboral y a la actividad concreta que realizan.

Desde estos principios se articula el capítulo III de la Ley, que regula el conjunto de derechos y obligaciones derivados o correlativos del derecho básico de los trabajadores a su protección, así como, de manera más específica, las actuaciones a desarrollar en situaciones de emergencia o en caso de riesgo grave e inminente, las garantías y derechos relacionados con la vigilancia de la salud de los trabajadores, con especial atención a la protección de la confidencialidad y el respeto a la intimidad en el tratamiento de estas actuaciones, y las medidas particulares a adoptar en relación con categorías específicas de trabajadores, tales como los jóvenes, las trabajadoras embarazadas o que han dado a luz recientemente y los trabajadores sujetos a relaciones laborales de carácter temporal.

Entre las obligaciones empresariales que establece la Ley, además de las que implícitamente lleva consigo la garantía de los derechos reconocidos al trabajador, cabe resaltar el deber de coordinación que se impone a los empresarios que desarrollen sus actividades en un mismo centro de trabajo, así como el de aquellos que contraten o subcontraten con otros la realización en sus propios centros de trabajo de obras o servicios correspondientes a su actividad de vigilar el cumplimiento por dichos contratistas y subcontratistas de la normativa de prevención.

Instrumento fundamental de la acción preventiva en la empresa es la obligación regulada en el capítulo IV de estructurar dicha acción a través de la actuación de uno o varios trabajadores de la empresa específicamente designados para ello, de la constitución de un servicio de prevención o del recurso a un servicio de prevención ajeno a la empresa. De esta manera, la Ley combina la necesidad de una actuación ordenada y formalizada de las actividades de prevención con el reconocimiento de la diversidad de situaciones a las que la Ley se dirige en cuanto a la magnitud, complejidad e intensidad de los riesgos inherentes a las mismas, otorgando un conjunto suficiente de posibilidades, incluida la eventual participación de las Mutuas de Accidentes de Trabajo y Enfermedades Profesionales, para organizar de manera racional y flexible el desarrollo de la acción preventiva, garantizando en todo caso tanto la suficiencia del modelo de organización elegido, como la independencia y protección de los trabajadores que, organizados o no en un servicio de prevención, tengan atribuidas dichas funciones.

6

El capítulo V regula, de forma detallada, los derechos de consulta y participación de los trabajadores en relación con las cuestiones que afectan a la seguridad y salud en el trabajo. Partiendo del sistema de representación colectiva vigente en nuestro país, la Ley atribuye a los denominados Delegados de Prevención -elegidos por y entre los representantes del personal en el ámbito de los respectivos órganos de representación- el ejercicio de las funciones especializadas en materia de prevención de riesgos en el trabajo, otorgándoles para ello las competencias, facultades y garantías necesarias. Junto a ello, el Comité de Seguridad y Salud, continuando la experiencia de actuación de una figura arraigada y tradicional de nuestro ordenamiento laboral, se configura como el órgano de encuentro entre dichos representantes y el empresario para el desarrollo de una participación equilibrada en materia de prevención de riesgos.

Todo ello sin perjuicio de las posibilidades que otorga la Ley a la negociación colectiva para articular de manera diferente los instrumentos de participación de los trabajadores, incluso desde el establecimiento de ámbitos de actuación distintos a los propios del centro de trabajo, recogiendo con ello diferentes experiencias positivas de regulación convencional cuya vigencia, plenamente compatible con los objetivos de la Ley, se salvaguarda a través de la disposición transitoria de ésta.

7

Tras regularse en el capítulo VI las obligaciones básicas que afectan a los fabricantes, importadores y suministradores de maquinaria, equipos, productos y útiles de trabajo, que enlazan con la normativa comunitaria de mercado interior dictada para asegurar la exclusiva comercialización de aquellos productos y equipos que ofrezcan los mayores niveles de seguridad para los usuarios, la Ley aborda en el capítulo VII la regulación de las responsabilidades y sanciones que deben garantizar su cumplimiento, incluyendo la tipificación de las infracciones y el régimen sancionador correspondiente.

Finalmente, la disposición adicional quinta viene a ordenar la creación de una fundación, bajo el protectorado del Ministerio de Trabajo y Seguridad Social y con participación, tanto de las Administraciones públicas como de las organizaciones representativas de empresarios y trabajadores, cuyo fin primordial será la promoción, especialmente en las pequeñas y medianas empresas, de actividades destinadas a la mejora de las condiciones de seguridad y salud en el trabajo. Para permitir a la fundación el desarrollo de sus actividades, se dotará a la misma por parte del Ministerio de Trabajo y Seguridad Social de un patrimonio procedente del exceso de excedentes de la gestión realizada por las Mutuas de Accidentes de Trabajo y Enfermedades Profesionales.

Con ello se refuerzan, sin duda, los objetivos de responsabilidad, cooperación y participación que inspiran la Ley en su conjunto.

8

El proyecto de Ley, cumpliendo las prescripciones legales sobre la materia, ha sido sometido a la consideración del Consejo Económico y Social, del Consejo General del Poder Judicial y del Consejo de Estado.

CAPITULO I
Objeto, ámbito de aplicación y definiciones

ART. 1. Normativa sobre prevención de riesgos laborales.

La normativa sobre prevención de riesgos laborales está constituida por la presente Ley, sus disposiciones de desarrollo o complementarias y cuantas otras normas, legales o convencionales, contengan prescripciones relativas a la adopción de medidas preventivas en el ámbito laboral o susceptibles de producirlas en dicho ámbito.

ART. 2. Objeto y carácter de la norma.

1. La presente Ley tiene por objeto promover la seguridad y la salud de los trabajadores mediante la aplicación de medidas y el desarrollo de las actividades necesarias para la prevención de riesgos derivados del trabajo.

A tales efectos, esta Ley establece los principios generales relativos a la prevención de los riesgos profesionales para la protección de la seguridad y de la salud, la eliminación o disminución de los riesgos derivados del trabajo, la información, la consulta, la participación equilibrada y la formación de los trabajadores en materia preventiva, en los términos señalados en la presente disposición.

Para el cumplimiento de dichos fines, la presente Ley regula las actuaciones a desarrollar por las Administraciones públicas, así como por los empresarios, los trabajadores y sus respectivas organizaciones representativas.

2. Las disposiciones de carácter laboral contenidas en esta Ley y en sus normas reglamentarias tendrán en todo caso el carácter de Derecho necesario mínimo indisponible, pudiendo ser mejoradas y desarrolladas en los convenios colectivos.

ART. 3. Ámbito de aplicación.

1. Esta Ley y sus normas de desarrollo serán de aplicación tanto en el ámbito de las relaciones laborales reguladas en el texto refundido de la Ley del Estatuto de los Trabajadores, como en el de las relaciones de carácter administrativo o estatutario del personal al servicio de las Administraciones Públicas, con las peculiaridades que, en este caso, se contemplan en la presente Ley o en sus normas de desarrollo. Ello sin perjuicio del cumplimiento de las obligaciones específicas que se establecen para fabricantes, importadores y suministradores, y de los derechos y obligaciones que puedan derivarse para los trabajadores autónomos. Igualmente serán aplicables a las sociedades cooperativas, constituidas de acuerdo con la legislación que les sea de aplicación, en las que existan socios cuya actividad consista en la prestación de un trabajo personal, con las peculiaridades derivadas de su normativa específica.

Cuando en la presente Ley se haga referencia a trabajadores y empresarios, se entenderán también comprendidos en estos términos, respectivamente, de una parte, el personal con relación de carácter administrativo o estatutario y la Administración pública para la que presta servicios, en los términos expresados en la disposición adicional tercera de esta Ley, y, de otra, los socios de las cooperativas a que se refiere el párrafo anterior y las sociedades cooperativas para las que prestan sus servicios.

2. La presente Ley no será de aplicación en aquellas actividades cuyas particularidades lo impidan en el ámbito de las funciones públicas de:

- Policía, seguridad y resguardo aduanero.
- Servicios operativos de protección civil y peritaje forense en los casos de grave riesgo, catástrofe y calamidad pública.
- Fuerzas Armadas y actividades militares de la Guardia Civil.

No obstante, esta Ley inspirará la normativa específica que se dicte para regular la protección de la seguridad y la salud de los trabajadores que prestan sus servicios en las indicadas actividades.

3. En los centros y establecimientos militares será de aplicación lo dispuesto en la presente Ley, con las particularidades previstas en su normativa específica.

En los establecimientos penitenciarios, se adaptarán a la presente Ley aquellas actividades cuyas características justifiquen una regulación especial, lo que se llevará a efecto en los términos señalados en la Ley 7/1990, de 19 de julio, sobre negociación colectiva y participación en la determinación de las condiciones de trabajo de los empleados públicos.

Apdo. 4 suprimido por Real Decreto-ley 16/2022, de 6 de septiembre, para la mejora de las condiciones de trabajo y de Seguridad Social de las personas trabajadoras al servicio del hogar. (BOE de 08-09-2022).

Apdos. 1 y 2 modificados por Ley 31/2006, de 18 de octubre, sobre implicación de los trabajadores en las sociedades anónimas y cooperativas europeas. (BOE de 19-10-2006).

Apdo. 2: Ver Instrucción de 26 de febrero de 1996, de la Secretaría de Estado para la Administración Pública, para la aplicación de la Ley 31/1995, de 8 de noviembre, de Prevención de Riesgos Laborales en la Administración del Estado; Real Decreto 179/2005, de 18 de febrero, sobre prevención de riesgos laborales en la Guardia Civil; Real Decreto 2/2006, de 16 de enero, por el que se establecen normas sobre prevención de riesgos laborales en la actividad de los funcionarios del Cuerpo Nacional de Policía; Real Decreto 67/2010, de 29 de enero, de adaptación de la legislación de Prevención de Riesgos Laborales a la Administración General del Estado.

Apdo. 3: Ver Real Decreto 1932/1998, de 11 de septiembre, de adaptación de los capítulos III y V de la Ley 31/1995, de 8 de noviembre, de Prevención de Riesgos Laborales, al ámbito de los centros y establecimientos militares; Real Decreto 1755/2007, de 28 de diciembre, de prevención de riesgos laborales del personal militar de las Fuerzas Armadas y de la organización de los servicios de prevención del Ministerio de Defensa.

ART. 4. Definiciones.

A efectos de la presente Ley y de las normas que la desarrollen:

1.° Se entenderá por «prevención» el conjunto de actividades o medidas adoptadas o previstas en todas las fases de actividad de la empresa con el fin de evitar o disminuir los riesgos derivados del trabajo.

2.° Se entenderá como «riesgo laboral» la posibilidad de que un trabajador sufra un determinado daño derivado del trabajo. Para calificar un riesgo desde el punto de vista de su gravedad, se valorarán conjuntamente la probabilidad de que se produzca el daño y la severidad del mismo.

3.° Se considerarán como «daños derivados del trabajo» las enfermedades, patologías o lesiones sufridas con motivo u ocasión del trabajo.

4.° Se entenderá como «riesgo laboral grave e inminente» aquel que resulte probable racionalmente que se materialice en un futuro inmediato y pueda suponer un daño grave para la salud de los trabajadores.

En el caso de exposición a agentes susceptibles de causar daños graves a la salud de los trabajadores, se considerará que existe un riesgo grave e inminente cuando sea probable racionalmente que se materialice en un futuro inmediato una exposición a dichos agentes de la que puedan derivarse daños graves para la salud, aun cuando éstos no se manifiesten de forma inmediata.

5.° Se entenderán como procesos, actividades, operaciones, equipos o productos «potencialmente peligrosos» aquellos que, en ausencia de medidas preventivas específicas, originen riesgos para la seguridad y la salud de los trabajadores que los desarrollan o utilizan.

6.° Se entenderá como «equipo de trabajo» cualquier máquina, aparato, instrumento o instalación utilizada en el trabajo.

7.° Se entenderá como «condición de trabajo» cualquier característica del mismo que pueda tener una influencia significativa en la generación de riesgos para la seguridad y la salud del trabajador. Quedan específicamente incluidas en esta definición:

a) Las características generales de los locales, instalaciones, equipos, productos y demás útiles existentes en el centro de trabajo.

b) La naturaleza de los agentes físicos, químicos y biológicos presentes en el ambiente de trabajo y sus correspondientes intensidades, concentraciones o niveles de presencia.

c) Los procedimientos para la utilización de los agentes citados anteriormente que influyan en la generación de los riesgos mencionados.

d) Todas aquellas otras características del trabajo, incluidas las relativas a su organización y ordenación, que influyan en la magnitud de los riesgos a que esté expuesto el trabajador.

8.° Se entenderá por «equipo de protección individual» cualquier equipo destinado a ser llevado o sujetado por el trabajador para que le proteja de uno o varios riesgos que puedan amenazar su seguridad o su salud en el trabajo, así como cualquier complemento o accesorio destinado a tal fin.

Apdo. 7: Ver art. 4.1.a) RSP.

CAPITULO II
Política en materia de prevención de riesgos para proteger la seguridad y la salud en el trabajo

ART. 5. Objetivos de la política.

1. La política en materia de prevención tendrá por objeto la promoción de la mejora de las condiciones de trabajo dirigida a elevar el nivel de protección de la seguridad y la salud de los trabajadores en el trabajo.

Dicha política se llevará a cabo por medio de las normas reglamentarias y de las actuaciones administrativas que correspondan y, en particular, las que se regulan en este capítulo, que se orientarán a la coordinación de las distintas Administraciones públicas competentes en materia preventiva y a que se armonicen con ellas las actuaciones que conforme a esta Ley correspondan a sujetos públicos y privados, a cuyo fin:

a) La Administración General del Estado, las Administraciones de las Comunidades Autónomas y las entidades que integran la Administración local se prestarán cooperación y asistencia para el eficaz ejercicio de sus respectivas competencias en el ámbito de lo previsto en este artículo.

b) La elaboración de la política preventiva se llevará a cabo con la participación de los empresarios y de los trabajadores a través de sus organizaciones empresariales y sindicales más representativas.

2. A los fines previstos en el apartado anterior las Administraciones públicas promoverán la mejora de la educación en materia preventiva en los diferentes niveles de enseñanza y de manera especial en la oferta formativa correspondiente al sistema nacional de cualificaciones profesionales, así como la adecuación de la formación de los recursos humanos necesarios para la prevención de los riesgos laborales.

En el ámbito de la Administración General del Estado se establecerá una colaboración permanente entre el Ministerio de Trabajo y Seguridad Social y los Ministerios que correspondan, en particular los de Educación y Ciencia y de Sanidad y Consumo, al objeto de establecer los niveles formativos y especializaciones idóneas, así como la revisión permanente de estas enseñanzas, con el fin de adaptarlas a las necesidades existentes en cada momento.

3. Del mismo modo, las Administraciones públicas fomentarán aquellas actividades desarrolladas por los sujetos a que se refiere el apartado 1 del artículo segundo, en orden a la mejora de las condiciones de seguridad y salud en el trabajo y la reducción de los riesgos laborales, la investigación o fomento de nuevas formas de protección y la promoción de estructuras eficaces de prevención.

Para ello podrán adoptar programas específicos dirigidos a promover la mejora del ambiente de trabajo y el perfeccionamiento de los niveles de protección. Los programas podrán instrumentarse a través de la concesión de los incentivos que reglamentariamente se determinen que se destinarán especialmente a las pequeñas y medianas empresas.

4. Las Administraciones públicas promoverán la efectividad del principio de igualdad entre mujeres y hombres, considerando las variables relacionadas con el sexo tanto en los sistemas de recogida y tratamiento de datos como en el estudio e investigación generales en materia de prevención de riesgos laborales, con el objetivo de detectar y prevenir posibles situaciones en las que los daños derivados del trabajo puedan aparecer vinculados con el sexo de los trabajadores.

5. La política en materia de prevención de riesgos laborales deberá promover la integración eficaz de la prevención de riesgos laborales en el sistema de gestión de la empresa.

Igualmente, la política en materia de seguridad y salud en el trabajo tendrá en cuenta las necesidades y dificultades específicas de las pequeñas y medianas empresas. A tal efecto, en el procedimiento de elaboración de las disposiciones de carácter general en materia de prevención de riesgos laborales deberá incorporarse un informe sobre su aplicación en las pequeñas y medianas empresas que incluirá, en su caso, las medidas particulares que para éstas se contemplen.

Apdo. 5 añadido por Ley 25/2009, de 22 de diciembre, de modificación de diversas leyes para su adaptación a la Ley sobre el libre acceso a las actividades de servicios y su ejercicio. (BOE de 23-12-2009).

Apdo. 3: Ver art. 33 bis RSP.

Apdo. 5: Ver D.A. 17.ª LPRL.

ART. 6. Normas reglamentarias.

1. El Gobierno, a través de las correspondientes normas reglamentarias y previa consulta a las organizaciones sindicales y empresariales más representativas, regulará las materias que a continuación se relacionan:

a) Requisitos mínimos que deben reunir las condiciones de trabajo para la protección de la seguridad y la salud de los trabajadores.

b) Limitaciones o prohibiciones que afectarán a las operaciones, los procesos y las exposiciones laborales a agentes que entrañen riesgos para la seguridad y la salud de los trabajadores. Específicamente podrá establecerse el sometimiento de estos procesos u operaciones a trámites de control administrativo, así como, en el caso de agentes peligrosos, la prohibición de su empleo.

c) Condiciones o requisitos especiales para cualquiera de los supuestos contemplados en el apartado anterior, tales como la exigencia de un adiestramiento o formación previa o la elaboración de un plan en el que se contengan las medidas preventivas a adoptar.

d) Procedimientos de evaluación de los riesgos para la salud de los trabajadores, normalización de metodologías y guías de actuación preventiva.

e) Modalidades de organización, funcionamiento y control de los servicios de prevención, considerando las peculiaridades de las pequeñas empresas con el fin de evitar obstáculos innecesarios para su creación y desarrollo, así como capacidades y aptitudes que deban reunir los mencionados servicios y los trabajadores designados para desarrollar la acción preventiva.

f) Condiciones de trabajo o medidas preventivas específicas en trabajos especialmente peligrosos, en particular si para los mismos están previstos controles médicos especiales, o cuando se presenten riesgos derivados de determinadas características o situaciones especiales de los trabajadores.

g) Procedimiento de calificación de las enfermedades profesionales, así como requisitos y procedimientos para la comunicación e información a la autoridad competente de los daños derivados del trabajo.

2. Las normas reglamentarias indicadas en el apartado anterior se ajustarán, en todo caso, a los principios de política preventiva establecidos en esta Ley, mantendrán la debida coordinación con la normativa sanitaria y de seguridad industrial y serán objeto de evaluación y, en su caso, de revisión periódica, de acuerdo con la experiencia en su aplicación y el progreso de la técnica.

Ver arts. 30.2 y 30.5 LPRL.

Ver Real Decreto 485/1997, de 14 de abril, sobre disposiciones mínimas en materia de señalización de seguridad y salud en el trabajo; Real Decreto 486/1997, de 14 de abril, por el que se establecen las disposiciones mínimas de seguridad y salud en los lugares de trabajo; Real Decreto 487/1997, de 14 de abril, sobre disposiciones mínimas de seguridad y salud relativas a la manipulación manual de cargas que entrañe riesgos, en particular dorso lumbares, para los trabajadores; Real Decreto 488/1997, de 14 de abril, sobre disposiciones mínimas de seguridad y salud relativas al trabajo con equipos que incluyen pantallas de visualización; Real Decreto 664/1997, de 12 de mayo, sobre la protección de los trabajadores contra los riesgos relacionados con la exposición a agentes biológicos durante el trabajo; Real Decreto 665/1997, de 12 de mayo, sobre la protección de los trabajadores contra los riesgos relacionados con la exposición a agentes cancerígenos durante el trabajo; Real Decreto 773/1997, de 30 de mayo, sobre disposiciones mínimas de seguridad y salud relativas a la utilización por los trabajadores de equipos de protección individual; Real Decreto 1215/1997, de 18 de julio, por el que se establecen las disposiciones mínimas de seguridad y salud para la utilización por los trabajadores de los equipos de trabajo; Real Decreto 1216/1997, de 18 de julio, por el que se establecen las disposiciones mínimas de seguridad y salud en el trabajo a bordo de los buques de pesca; Real Decreto 1389/1997, de 5 de septiembre, por el que se aprueban las disposiciones mínimas destinadas a proteger la seguridad y la salud de los trabajadores en las actividades mineras; Real Decreto 374/2001, de 6 de abril, sobre la protección de la salud y seguridad de los trabajadores contra los riesgos relacionados con los agentes químicos durante el trabajo; Real Decreto 614/2001, de 8 de junio, sobre disposiciones mínimas para la protección de la salud y seguridad de los trabajadores frente al riesgo eléctrico; Real Decreto 681/2003, de 12 de junio, sobre la protección de la salud y la seguridad de los trabajadores expuestos a los riesgos derivados de atmósferas explosivas en el lugar de trabajo; Real Decreto 1311/2005, de 4 de noviembre, sobre la protección de la salud y la seguridad de los trabajadores frente a los riesgos derivados o que puedan derivarse de la exposición a vibraciones mecánicas; Real Decreto 286/2006, de 10 de marzo, sobre la protección de la salud y la seguridad de los trabajadores contra los riesgos relacionados con la exposición al ruido; Real Decreto 396/2006, de 31 de marzo, por el que se establecen las disposiciones mínimas de seguridad y salud aplicables a los trabajos con riesgo de exposición al amianto.

ART. 7. Actuaciones de las Administraciones públicas competentes en materia laboral.

1. En cumplimiento de lo dispuesto en la presente Ley, las Administraciones públicas competentes en materia laboral desarrollarán funciones de promoción de la prevención, asesoramiento técnico, vigilancia y control del cumplimiento por los sujetos comprendidos en su ámbito de aplicación de la normativa de prevención de riesgos laborales, y sancionarán las infracciones a dicha normativa, en los siguientes términos:

a) Promoviendo la prevención y el asesoramiento a desarrollar por los órganos técnicos en materia preventiva, incluidas la asistencia y cooperación técnica, la información, divulgación, formación e investigación en materia preventiva, así como el seguimiento de las actuaciones preventivas que se realicen en las empresas para la consecución de los objetivos previstos en esta Ley.

b) Velando por el cumplimiento de la normativa sobre prevención de riesgos laborales mediante las actuaciones de vigilancia y control. A estos efectos, prestarán el asesoramiento y la asistencia técnica necesarios para el mejor cumplimiento de dicha normativa y desarrollarán programas específicos dirigidos a lograr una mayor eficacia en el control.

c) Sancionando el incumplimiento de la normativa de prevención de riesgos laborales por los sujetos comprendidos en el ámbito de aplicación de la presente Ley, con arreglo a lo previsto en el capítulo VII de la misma.

2. Las funciones de las Administraciones públicas competentes en materia laboral que se señalan en el apartado 1 continuarán siendo desarrolladas, en lo referente a los trabajos en minas, canteras y túneles que exijan la aplicación de técnica minera, a los que impliquen fabricación, transporte, almacenamiento, manipulación y utilización de explosivos o el empleo de energía nuclear, por los órganos específicos contemplados en su normativa reguladora.

Las competencias previstas en el apartado anterior se entienden sin perjuicio de lo establecido en la legislación específica sobre productos e instalaciones industriales.

Ver art. 13.3, 44 y D.A. 17.ª LPRL.

ART. 8. Instituto Nacional de Seguridad e Higiene en el Trabajo.

1. El Instituto Nacional de Seguridad e Higiene en el Trabajo es el órgano científico técnico especializado de la Administración General del Estado que tiene como misión el análisis y estudio de las condiciones de seguridad y salud en el trabajo, así como la promoción y apoyo a la mejora de las mismas. Para ello establecerá la cooperación necesaria con los órganos de las Comunidades Autónomas con competencias en esta materia.

El Instituto, en cumplimiento de esta misión, tendrá las siguientes funciones:

a) Asesoramiento técnico en la elaboración de la normativa legal y en el desarrollo de la normalización, tanto a nivel nacional como internacional.

b) Promoción y, en su caso, realización de actividades de formación, información, investigación, estudio y divulgación en materia de prevención de riesgos laborales, con la adecuada coordinación y colaboración, en su caso, con los órganos técnicos en materia preventiva de las Comunidades Autónomas en el ejercicio de sus funciones en esta materia.

c) Apoyo técnico y colaboración con la Inspección de Trabajo y Seguridad Social en el cumplimiento de su función de vigilancia y control, prevista en el artículo 9 de la presente Ley, en el ámbito de las Administraciones públicas.

d) Colaboración con organismos internacionales y desarrollo de programas de cooperación internacional en este ámbito, facilitando la participación de las Comunidades Autónomas.

e) Cualesquiera otras que sean necesarias para el cumplimiento de sus fines y le sean encomendadas en el ámbito de sus competencias, de acuerdo con la Comisión Nacional de Seguridad y Salud en el Trabajo regulada en el artículo 13 de esta Ley, con la colaboración, en su caso, de los órganos técnicos de las Comunidades Autónomas con competencias en la materia.

2. El Instituto Nacional de Seguridad e Higiene en el Trabajo, en el marco de sus funciones, velará por la coordinación, apoyará el intercambio de información y las experiencias entre las distintas Administraciones públicas y especialmente fomentará y prestará apoyo a la realización de actividades de promoción de la seguridad y de la salud por las Comunidades Autónomas.

Asimismo, prestará, de acuerdo con las Administraciones competentes, apoyo técnico especializado en materia de certificación, ensayo y acreditación.

3. En relación con las Instituciones de la Unión Europea, el Instituto Nacional de Seguridad e Higiene en el Trabajo actuará como centro de referencia nacional, garantizando la coordinación y transmisión de la información que deberá facilitar a escala nacional, en particular respecto a la Agencia Europea para la Seguridad y la Salud en el Trabajo y su Red.

4. El Instituto Nacional de Seguridad e Higiene en el Trabajo ejercerá la Secretaría General de la Comisión Nacional de Seguridad y Salud en el Trabajo, prestándole la asistencia técnica y científica necesaria para el desarrollo de sus competencias.

Ver art. 13.3 y D.A. 17.ª LPRL.

ART. 9. Inspección de Trabajo y Seguridad Social.

1. Corresponde a la Inspección de Trabajo y Seguridad Social la función de la vigilancia y control de la normativa sobre prevención de riesgos laborales.

En cumplimiento de esta misión, tendrá las siguientes funciones:

a) Vigilar el cumplimiento de la normativa sobre prevención de riesgos laborales, así como de las normas jurídico-técnicas que incidan en las condiciones de trabajo en materia de prevención, aunque no tuvieran la calificación directa de normativa laboral, proponiendo a la autoridad laboral competente la sanción correspondiente, cuando comprobase una infracción a la normativa sobre prevención de riesgos laborales, de acuerdo con lo previsto en el capítulo VII de la presente Ley.

b) Asesorar e informar a las empresas y a los trabajadores sobre la manera más efectiva de cumplir las disposiciones cuya vigilancia tiene encomendada.

c) Elaborar los informes solicitados por los Juzgados de lo Social en las demandas deducidas ante los mismos en los procedimientos de accidentes de trabajo y enfermedades profesionales.

d) Informar a la autoridad laboral sobre los accidentes de trabajo mortales, muy graves o graves, y sobre aquellos otros en que, por sus características o por los sujetos afectados, se considere necesario dicho informe, así como sobre las enfermedades profesionales en las que concurran dichas calificaciones y, en general, en los supuestos en que aquélla lo solicite respecto del cumplimiento de la normativa legal en materia de prevención de riesgos laborales.

e) Comprobar y favorecer el cumplimiento de las obligaciones asumidas por los servicios de prevención establecidos en la presente Ley.

f) Ordenar la paralización inmediata de trabajos cuando, a juicio del inspector, se advierta la existencia de riesgo grave e inminente para la seguridad o salud de los trabajadores.

2. Las Administraciones General del Estado y de las comunidades autónomas adoptarán, en sus respectivos ámbitos de competencia, las medidas necesarias para garantizar la colaboración pericial y el asesoramiento técnico necesarios a la Inspección de Trabajo y Seguridad Social que, en el ámbito de la Administración General del Estado serán prestados por el Instituto Nacional de Seguridad e Higiene en el Trabajo.

Estas Administraciones públicas elaborarán y coordinarán planes de actuación, en sus respectivos ámbitos competenciales y territoriales, para contribuir al desarrollo de las actuaciones preventivas en las empresas, especialmente las de mediano y pequeño tamaño y las de sectores de actividad con mayor nivel de riesgo o de siniestralidad, a través de acciones de asesoramiento, de información, de formación y de asistencia técnica.

En el ejercicio de tales cometidos, los funcionarios públicos de las citadas Administraciones que ejerzan labores técnicas en materia de prevención de riesgos laborales a que se refiere el párrafo anterior, podrán desempeñar funciones de asesoramiento, información y comprobatorias de las condiciones de seguridad y salud en las empresas y centros de trabajo, con el alcance señalado en el apartado 3 de este artículo y con la capacidad de requerimiento a que se refiere el artículo 43 de esta ley, todo ello en la forma que se determine reglamentariamente.

Las referidas actuaciones comprobatorias se programarán por la respectiva Comisión Territorial de la Inspección de Trabajo y Seguridad Social a que se refiere el artículo 17.2 de la Ley 42/1997, de 14 de noviembre, Ordenadora de la Inspección de Trabajo y Seguridad Social para su integración en el plan de acción en Seguridad y Salud Laboral de la Inspección de Trabajo y Seguridad Social.

3. Cuando de las actuaciones de comprobación a que se refiere el apartado anterior, se deduzca la existencia de infracción, y siempre que haya mediado incumplimiento de previo requerimiento, el funcionario actuante remitirá informe a la Inspección de Trabajo y Seguridad Social, en el que se recogerán los hechos comprobados, a efectos de que se levante la correspondiente acta de infracción, si así procediera.

A estos efectos, los hechos relativos a las actuaciones de comprobación de las condiciones materiales o técnicas de seguridad y salud recogidos en tales informes gozarán de la presunción de certeza a que se refiere la disposición adicional cuarta, apartado 2, de la Ley 42/1997, de 14 de noviembre, Ordenadora de la Inspección de Trabajo y Seguridad Social.

4. Las actuaciones previstas en los dos apartados anteriores, estarán sujetas a los plazos establecidos en el artículo 14, apartado 2, de la Ley 42/1997, de 14 de noviembre, Ordenadora de la Inspección de Trabajo y Seguridad Social.

Apdo. 2 modificado y apdos. 3 y 4 añadidos por Ley 54/2003, de 12 de diciembre, de reforma del marco normativo de la prevención de riesgos laborales. (BOE de 13-12-2003).

Ver art. 13.3 Y D.A. 15.ª LPRL.

Ver Ley 23/2015, de 21 de julio, Ordenadora del Sistema de Inspección de Trabajo y Seguridad Social.

ART. 10. Actuaciones de las Administraciones públicas competentes en materia sanitaria.

Las actuaciones de las Administraciones públicas competentes en materia sanitaria referentes a la salud laboral se llevarán a cabo a través de las acciones y en relación con los aspectos señalados en el capítulo IV del Título I de la Ley 14/1986, de 25 de abril, General de Sanidad, y disposiciones dictadas para su desarrollo.

En particular, corresponderá a las Administraciones públicas citadas:

a) El establecimiento de medios adecuados para la evaluación y control de las actuaciones de carácter sanitario que se realicen en las empresas por los servicios de prevención actuantes. Para ello, establecerán las pautas y protocolos de actuación, oídas las sociedades científicas, a los que deberán someterse los citados servicios.

b) La implantación de sistemas de información adecuados que permitan la elaboración, junto con las autoridades laborales competentes, de mapas de riesgos laborales, así como la realización de estudios epidemiológicos para la identificación y prevención de las patologías que puedan afectar a la salud de los trabajadores, así como hacer posible un rápido intercambio de información.

c) La supervisión de la formación que, en materia de prevención y promoción de la salud laboral, deba recibir el personal sanitario actuante en los servicios de prevención autorizados.

d) La elaboración y divulgación de estudios, investigaciones y estadísticas relacionados con la salud de los trabajadores.

Ver art. 23 LPRL; 38 RSP.

ART. 11. Coordinación administrativa.

La elaboración de normas preventivas y el control de su cumplimiento, la promoción de la prevención, la investigación y la vigilancia epidemiológica sobre riesgos laborales, accidentes de trabajo y enfermedades profesionales determinan la necesidad de coordinar las actuaciones de las Administraciones competentes en materia laboral, sanitaria y de industria para una más eficaz protección de la seguridad y la salud de los trabajadores.

En el marco de dicha coordinación, la Administración competente en materia laboral velará, en particular, para que la información obtenida por la Inspección de Trabajo y Seguridad Social en el ejercicio de las funciones atribuidas a la misma en el apartado 1 del artículo 9 de esta Ley sea puesta en conocimiento de la autoridad sanitaria competente a los fines dispuestos en el artículo 10 de la presente Ley y en el artículo 21 de la Ley 14/1986, de 25 de abril, General de Sanidad, así como de la Administración competente en materia de industria a los efectos previstos en la Ley 21/1992, de 16 de julio, de Industria.

Ver art. 13.3 LPRL.

ART. 12. Participación de empresarios y trabajadores.

La participación de empresarios y trabajadores, a través de las organizaciones empresariales y sindicales más representativas, en la planificación, programación, organización y control de la gestión relacionada con la mejora de las condiciones de trabajo y la protección de la seguridad y salud de los trabajadores en el trabajo es principio básico de la política de prevención de riesgos laborales, a desarrollar por las Administraciones públicas competentes en los distintos niveles territoriales.

ART. 13. Comisión Nacional de Seguridad y Salud en el Trabajo.

1. Se crea la Comisión Nacional de Seguridad y Salud en el Trabajo como órgano colegiado asesor de las Administraciones públicas en la formulación de las políticas de prevención y órgano de participación institucional en materia de seguridad y salud en el trabajo.

2. La Comisión estará integrada por un representante de cada una de las Comunidades Autónomas y por igual número de miembros de la Administración General del Estado y, paritariamente con todos los anteriores, por representantes de las organizaciones empresariales y sindicales más representativas.

3. La Comisión conocerá las actuaciones que desarrollen las Administraciones públicas competentes en materia de promoción de la prevención de riesgos laborales, de asesoramiento técnico y de vigilancia y control a que se refieren los artículos 7, 8, 9 y 11 de esta Ley y podrá informar y formular propuestas en relación con dichas actuaciones, específicamente en lo referente a:
- Criterios y programas generales de actuación.
- Proyectos de disposiciones de carácter general.
- Coordinación de las actuaciones desarrolladas por las Administraciones públicas competentes en materia laboral.
- Coordinación entre las Administraciones públicas competentes en materia laboral, sanitaria y de industria.

4. La Comisión adoptará sus acuerdos por mayoría. A tal fin, los representantes de las Administraciones públicas tendrán cada uno un voto y dos los de las organizaciones empresariales y sindicales.

5. La Comisión contará con un Presidente y cuatro Vicepresidentes, uno por cada uno de los grupos que la integran. La Presidencia de la Comisión corresponderá al Secretario general de Empleo y Relaciones Laborales, recayendo la Vicepresidencia atribuida a la Administración General del Estado en el Subsecretario de Sanidad y Consumo.

6. La Secretaría de la Comisión, como órgano de apoyo técnico y administrativo, recaerá en la Dirección del Instituto Nacional de Seguridad e Higiene en el Trabajo.

7. La Comisión Nacional de Seguridad y Salud en el Trabajo funcionará en Pleno, en Comisión Permanente o en Grupos de Trabajo, conforme a la normativa que establezca el Reglamento interno que elaborará la propia Comisión.

En lo no previsto en la presente Ley y en el Reglamento interno a que hace referencia el párrafo anterior la Comisión se regirá por la Ley 30/1992, de Régimen Jurídico de las Administraciones Públicas y del Procedimiento Administrativo Común.

Ver art. 8.1.e) LPRL.

Ver Real Decreto 1879/1996, de 2 de agosto, por el que se regula la composición de la Comisión Nacional de Seguridad y Salud en el Trabajo.

CAPITULO III
Derechos y obligaciones

Ver Real Decreto 1932/1998, de 11 de septiembre, de adaptación de los capítulos III y V de la Ley 31/1995, de 8 de noviembre, de Prevención de Riesgos Laborales, al ámbito de los centros y establecimientos militares.

ART. 14. Derecho a la protección frente a los riesgos laborales.

1. Los trabajadores tienen derecho a una protección eficaz en materia de seguridad y salud en el trabajo.

El citado derecho supone la existencia de un correlativo deber del empresario de protección de los trabajadores frente a los riesgos laborales.

Este deber de protección constituye, igualmente, un deber de las Administraciones públicas respecto del personal a su servicio.

Los derechos de información, consulta y participación, formación en materia preventiva, paralización de la actividad en caso de riesgo grave e inminente y vigilancia de su estado de salud, en los términos previstos en la presente Ley, forman parte del derecho de los trabajadores a una protección eficaz en materia de seguridad y salud en el trabajo.

2. En cumplimiento del deber de protección, el empresario deberá garantizar la seguridad y la salud de los trabajadores a su servicio en todos los aspectos relacionados con el trabajo. A estos efectos, en el marco de sus responsabilidades, el empresario realizará la prevención de los riesgos laborales mediante la integración de la actividad preventiva en la empresa y la adopción de cuantas medidas sean necesarias para la protección de la seguridad y la salud de los trabajadores, con las especialidades que se recogen en los artículos siguientes en materia de plan de prevención de riesgos laborales, evaluación de riesgos, información, consulta y participación y formación de los trabajadores, actuación en casos de emergencia y de riesgo grave e inminente, vigilancia de la salud, y mediante la constitución de una organización y de los medios necesarios en los términos establecidos en el capítulo IV de esta ley.

El empresario desarrollará una acción permanente de seguimiento de la actividad preventiva con el fin de perfeccionar de manera continua las actividades de identificación, evaluación y control de los riesgos que no se hayan podido evitar y los niveles de protección existentes y dispondrá lo necesario para la adaptación de las medidas de prevención señaladas en el párrafo anterior a las modificaciones que puedan experimentar las circunstancias que incidan en la realización del trabajo.

3. El empresario deberá cumplir las obligaciones establecidas en la normativa sobre prevención de riesgos laborales.

4. Las obligaciones de los trabajadores establecidas en esta Ley, la atribución de funciones en materia de protección y prevención a trabajadores o servicios de la empresa y el recurso al concierto con entidades especializadas para el desarrollo de actividades de prevención complementarán las acciones del empresario, sin que por ello le eximan del cumplimiento de su deber en esta materia, sin perjuicio de las acciones que pueda ejercitar, en su caso, contra cualquier otra persona.

5. El coste de las medidas relativas a la seguridad y la salud en el trabajo no deberá recaer en modo alguno sobre los trabajadores.

Apdo. 2 modificado por Ley 54/2003, de 12 de diciembre, de reforma del marco normativo de la prevención de riesgos laborales. (BOE de 13-12-2003).

Ver art. 21.2 LPRL; 2, 3 a 7 y 22 bis.10 RSP.

ART. 15. Principios de la acción preventiva.

1. El empresario aplicará las medidas que integran el deber general de prevención previsto en el artículo anterior, con arreglo a los siguientes principios generales:

a) Evitar los riesgos.

b) Evaluar los riesgos que no se puedan evitar.

c) Combatir los riesgos en su origen.

d) Adaptar el trabajo a la persona, en particular en lo que respecta a la concepción de los puestos de trabajo, así como a la elección de los equipos y los métodos de trabajo y de producción, con miras, en particular, a atenuar el trabajo monótono y repetitivo y a reducir los efectos del mismo en la salud.

e) Tener en cuenta la evolución de la técnica.

f) Sustituir lo peligroso por lo que entrañe poco o ningún peligro.

g) Planificar la prevención, buscando un conjunto coherente que integre en ella la técnica, la organización del trabajo, las condiciones de trabajo, las relaciones sociales y la influencia de los factores ambientales en el trabajo.

h) Adoptar medidas que antepongan la protección colectiva a la individual.

i) Dar las debidas instrucciones a los trabajadores.

2. El empresario tomará en consideración las capacidades profesionales de los trabajadores en materia de seguridad y de salud en el momento de encomendarles las tareas.

3. El empresario adoptará las medidas necesarias a fin de garantizar que sólo los trabajadores que hayan recibido información suficiente y adecuada puedan acceder a las zonas de riesgo grave y específico.

4. La efectividad de las medidas preventivas deberá prever las distracciones o imprudencias no temerarias que pudiera cometer el trabajador. Para su adopción se tendrán en cuenta los riesgos adicionales que pudieran implicar determinadas medidas preventivas, las cuales sólo podrán adoptarse cuando la magnitud de dichos riesgos sea sustancialmente inferior a la de los que se pretende controlar y no existan alternativas más seguras.

5. Podrán concertar operaciones de seguro que tengan como fin garantizar como ámbito de cobertura la previsión de riesgos derivados del trabajo, la empresa respecto de sus trabajadores, los trabajadores autónomos respecto a ellos mismos y las sociedades cooperativas respecto a sus socios cuya actividad consista en la prestación de su trabajo personal.

Ver arts. 2 y 8 RSP.

ART. 16. Plan de prevención de riesgos laborales, evaluación de los riesgos y planificación de la actividad preventiva

1. La prevención de riesgos laborales deberá integrarse en el sistema general de gestión de la empresa, tanto en el conjunto de sus actividades como en todos los niveles jerárquicos de ésta, a través de la implantación y aplicación de un plan de prevención de riesgos laborales a que se refiere el párrafo siguiente.

Este plan de prevención de riesgos laborales deberá incluir la estructura organizativa, las responsabilidades, las funciones, las prácticas, los procedimientos, los procesos y los recursos necesarios para realizar la acción de prevención de riesgos en la empresa, en los términos que reglamentariamente se establezcan.

2. Los instrumentos esenciales para la gestión y aplicación del plan de prevención de riesgos, que podrán ser llevados a cabo por fases de forma programada, son la evaluación de riesgos laborales y la planificación de la actividad preventiva a que se refieren los párrafos siguientes:

a) El empresario deberá realizar una evaluación inicial de los riesgos para la seguridad y salud de los trabajadores, teniendo en cuenta, con carácter general, la naturaleza de la actividad, las características de los puestos de trabajo existentes y de los trabajadores que deban desempeñarlos. Igual evaluación deberá hacerse con ocasión de la elección de los equipos de trabajo, de las sustancias o preparados químicos y del acondicionamiento de los lugares de trabajo. La evaluación inicial tendrá en cuenta aquellas otras actuaciones que deban desarrollarse de conformidad con lo dispuesto en la normativa sobre protección de riesgos específicos y actividades de especial peligrosidad. La evaluación será actualizada cuando cambien las condiciones de trabajo y, en todo caso, se someterá a consideración y se revisará, si fuera necesario, con ocasión de los daños para la salud que se hayan producido.

Cuando el resultado de la evaluación lo hiciera necesario, el empresario realizará controles periódicos de las condiciones de trabajo y de la actividad de los trabajadores en la prestación de sus servicios, para detectar situaciones potencialmente peligrosas.

b) Si los resultados de la evaluación prevista en el párrafo a) pusieran de manifiesto situaciones de riesgo, el empresario realizará aquellas actividades preventivas necesarias para eliminar o reducir y controlar tales riesgos. Dichas actividades serán objeto de planificación por el empresario, incluyendo para cada actividad preventiva el plazo para llevarla a cabo, la designación de responsables y los recursos humanos y materiales necesarios para su ejecución.

El empresario deberá asegurarse de la efectiva ejecución de las actividades preventivas incluidas en la planificación, efectuando para ello un seguimiento continuo de la misma.

Las actividades de prevención deberán ser modificadas cuando se aprecie por el empresario, como consecuencia de los controles periódicos previstos en el párrafo a) anterior, su inadecuación a los fines de protección requeridos.

2 bis. Las empresas, en atención al número de trabajadores y a la naturaleza y peligrosidad de las actividades realizadas, podrán realizar el plan de prevención de riesgos laborales, la evaluación de riesgos y la planificación de la actividad preventiva de forma simplificada, siempre que ello no suponga una reducción del nivel de protección de la seguridad y salud de los trabajadores y en los términos que reglamentariamente se determinen.

3. Cuando se haya producido un daño para la salud de los trabajadores o cuando, con ocasión de la vigilancia de la salud prevista en el artículo 22, aparezcan indicios de que las medidas de prevención resultan insuficientes, el empresario llevará a cabo una investigación al respecto, a fin de detectar las causas de estos hechos.

Apdo. 2 bis añadido por Ley 25/2009, de 22 de diciembre, de modificación de diversas leyes para su adaptación a la Ley sobre el libre acceso a las actividades de servicios y su ejercicio. (BOE de 23-12-2009).

Ver arts. 23 y 26 LPRL; 2, 8 y 9 RSP.

ART. 17. Equipos de trabajo y medios de protección.

1. El empresario adoptará las medidas necesarias con el fin de que los equipos de trabajo sean adecuados para el trabajo que deba realizarse y convenientemente adaptados a tal efecto, de forma que garanticen la seguridad y la salud de los trabajadores al utilizarlos.

Cuando la utilización de un equipo de trabajo pueda presentar un riesgo específico para la seguridad y la salud de los trabajadores, el empresario adoptará las medidas necesarias con el fin de que:

a) La utilización del equipo de trabajo quede reservada a los encargados de dicha utilización.

b) Los trabajos de reparación, transformación, mantenimiento o conservación sean realizados por los trabajadores específicamente capacitados para ello.

2. El empresario deberá proporcionar a sus trabajadores equipos de protección individual adecuados para el desempeño de sus funciones y velar por el uso efectivo de los mismos cuando, por la naturaleza de los trabajos realizados, sean necesarios.

Los equipos de protección individual deberán utilizarse cuando los riesgos no se puedan evitar o no puedan limitarse suficientemente por medios técnicos de protección colectiva o mediante medidas, métodos o procedimientos de organización del trabajo.

ART. 18. Información, consulta y participación de los trabajadores.

1. A fin de dar cumplimiento al deber de protección establecido en la presente Ley, el empresario adoptará las medidas adecuadas para que los trabajadores reciban todas las informaciones necesarias en relación con:

a) Los riesgos para la seguridad y la salud de los trabajadores en el trabajo, tanto aquellos que afecten a la empresa en su conjunto como a cada tipo de puesto de trabajo o función.

b) Las medidas y actividades de protección y prevención aplicables a los riesgos señalados en el apartado anterior.

c) Las medidas adoptadas de conformidad con lo dispuesto en el artículo 20 de la presente Ley.

En las empresas que cuenten con representantes de los trabajadores, la información a que se refiere el presente apartado se facilitará por el empresario a los trabajadores a través de dichos representantes; no obstante, deberá informarse directamente a cada trabajador de los riesgos específicos que afecten a su puesto de trabajo o función y de las medidas de protección y prevención aplicables a dichos riesgos.

2. El empresario deberá consultar a los trabajadores, y permitir su participación, en el marco de todas las cuestiones que afecten a la seguridad y a la salud en el trabajo, de conformidad con lo dispuesto en el capítulo V de la presente Ley.

Los trabajadores tendrán derecho a efectuar propuestas al empresario, así como a los órganos de participación y representación previstos en el capítulo V de esta Ley, dirigidas a la mejora de los niveles de protección de la seguridad y la salud en la empresa.

Ver arts. 24, 30.3, 31, 33 y 36 LPRL; 1 y 30.5 RSP.

ART. 19. Formación de los trabajadores.

1. En cumplimiento del deber de protección, el empresario deberá garantizar que cada trabajador reciba una formación teórica y práctica, suficiente y adecuada, en materia preventiva, tanto en el momento de su contratación, cualquiera que sea la modalidad o duración de ésta, como cuando se produzcan cambios en las funciones que desempeñe o se introduzcan nuevas tecnologías o cambios en los equipos de trabajo.

La formación deberá estar centrada específicamente en el puesto de trabajo o función de cada trabajador, adaptarse a la evolución de los riesgos y a la aparición de otros nuevos y repetirse periódicamente, si fuera necesario.

2. La formación a que se refiere el apartado anterior deberá impartirse, siempre que sea posible, dentro de la jornada de trabajo o, en su defecto, en otras horas pero con el descuento en aquélla del tiempo invertido en la misma. La formación se podrá impartir por la empresa mediante medios propios o concertándola con servicios ajenos, y su coste no recaerá en ningún caso sobre los trabajadores.

Ver art. 31 LPRL.

ART. 20. Medidas de emergencia.

El empresario, teniendo en cuenta el tamaño y la actividad de la empresa, así como la posible presencia de personas ajenas a la misma, deberá analizar las posibles situaciones de emergencia y adoptar las medidas necesarias en materia de primeros auxilios, lucha contra incendios y evacuación de los trabajadores, designando para ello al personal encargado de poner en práctica estas medidas y comprobando periódicamente, en su caso, su correcto funcionamiento. El citado personal deberá poseer la formación necesaria, ser suficiente en número y disponer del material adecuado, en función de las circunstancias antes señaladas.

Para la aplicación de las medidas adoptadas, el empresario deberá organizar las relaciones que sean necesarias con servicios externos a la empresa, en particular en materia de primeros auxilios, asistencia médica de urgencia, salvamento y lucha contra incendios, de forma que quede garantizada la rapidez y eficacia de las mismas.

Ver art. 18 LPRL; 9 RSP.

ART. 21. Riesgo grave e inminente.

1. Cuando los trabajadores estén o puedan estar expuestos a un riesgo grave e inminente con ocasión de su trabajo, el empresario estará obligado a:

a) Informar lo antes posible a todos los trabajadores afectados acerca de la existencia de dicho riesgo y de las medidas adoptadas o que, en su caso, deban adoptarse en materia de protección.

b) Adoptar las medidas y dar las instrucciones necesarias para que, en caso de peligro grave, inminente e inevitable, los trabajadores puedan interrumpir su actividad y, si fuera necesario, abandonar de inmediato el lugar de trabajo. En este supuesto no podrá exigirse a los trabajadores que reanuden su actividad mientras persista el peligro, salvo excepción debidamente justificada por razones de seguridad y determinada reglamentariamente.

c) Disponer lo necesario para que el trabajador que no pudiera ponerse en contacto con su superior jerárquico, ante una situación de peligro grave e inminente para su seguridad, la de otros trabajadores o la de terceros a la empresa, esté en condiciones, habida cuenta de sus conocimientos y de los medios técnicos puestos a su disposición, de adoptar las medidas necesarias para evitar las consecuencias de dicho peligro.

2. De acuerdo con lo previsto en el apartado 1 del artículo 14 de la presente Ley, el trabajador tendrá derecho a interrumpir su actividad y abandonar el lugar de trabajo, en caso necesario, cuando considere que dicha actividad entraña un riesgo grave e inminente para su vida o su salud.

3. Cuando en el caso a que se refiere el apartado 1 de este artículo el empresario no adopte o no permita la adopción de las medidas necesarias para garantizar la seguridad y la salud de los trabajadores, los representantes legales de éstos podrán acordar, por mayoría de sus miembros, la paralización de la actividad de los trabajadores afectados por dicho riesgo. Tal acuerdo será comunicado de inmediato a la empresa y a la autoridad laboral, la cual, en el plazo de veinticuatro horas, anulará o ratificará la paralización acordada.

El acuerdo a que se refiere el párrafo anterior podrá ser adoptado por decisión mayoritaria de los Delegados de Prevención cuando no resulte posible reunir con la urgencia requerida al órgano de representación del personal.

4. Los trabajadores o sus representantes no podrán sufrir perjuicio alguno derivado de la adopción de las medidas a que se refieren los apartados anteriores, a menos que hubieran obrado de mala fe o cometido negligencia grave.

Ver art. 36 LPRL.

ART. 22. Vigilancia de la salud.

1. El empresario garantizará a los trabajadores a su servicio la vigilancia periódica de su estado de salud en función de los riesgos inherentes al trabajo.

Esta vigilancia sólo podrá llevarse a cabo cuando el trabajador preste su consentimiento. De este carácter voluntario sólo se exceptuarán, previo informe de los representantes de los trabajadores, los supuestos en los que la realización de los reconocimientos sea imprescindible para evaluar los efectos de las condiciones de trabajo sobre la salud de los trabajadores o para verificar si el estado de salud del trabajador puede constituir un peligro para el mismo, para los demás trabajadores o para otras personas relacionadas con la empresa o cuando así esté establecido en una disposición legal en relación con la protección de riesgos específicos y actividades de especial peligrosidad.

En todo caso se deberá optar por la realización de aquellos reconocimientos o pruebas que causen las menores molestias al trabajador y que sean proporcionales al riesgo.

2. Las medidas de vigilancia y control de la salud de los trabajadores se llevarán a cabo respetando siempre el derecho a la intimidad y a la dignidad de la persona del trabajador y la confidencialidad de toda la información relacionada con su estado de salud.

3. Los resultados de la vigilancia a que se refiere el apartado anterior serán comunicados a los trabajadores afectados.

4. Los datos relativos a la vigilancia de la salud de los trabajadores no podrán ser usados con fines discriminatorios ni en perjuicio del trabajador.

El acceso a la información médica de carácter personal se limitará al personal médico y a las autoridades sanitarias que lleven a cabo la vigilancia de la salud de los trabajadores, sin que pueda facilitarse al empresario o a otras personas sin consentimiento expreso del trabajador.

No obstante lo anterior, el empresario y las personas u órganos con responsabilidades en materia de prevención serán informados de las conclusiones que se deriven de los reconocimientos efectuados en relación con la aptitud del trabajador para el desempeño del puesto de trabajo o con la necesidad de introducir o mejorar las medidas de protección y prevención, a fin de que puedan desarrollar correctamente sus funciones en materia preventiva.

5. En los supuestos en que la naturaleza de los riesgos inherentes al trabajo lo haga necesario, el derecho de los trabajadores a la vigilancia periódica de su estado de salud deberá ser prolongado más allá de la finalización de la relación laboral, en los términos que reglamentariamente se determinen.

6. Las medidas de vigilancia y control de la salud de los trabajadores se llevarán a cabo por personal sanitario con competencia técnica, formación y capacidad acreditada.

Ver arts. 23, 28.3 y 36 LPRL; 9 y 37.3 RSP.

Ver Real Decreto 1696/2007, de 14 de diciembre, por el que se regulan los reconocimientos médicos de embarque marítimo.

ART. 23. Documentación.

1. El empresario deberá elaborar y conservar a disposición de la autoridad laboral la siguiente documentación relativa a las obligaciones establecidas en los artículos anteriores:

a) Plan de prevención de riesgos laborales, conforme a lo previsto en el apartado 1 del artículo 16 de esta ley.

b) Evaluación de los riesgos para la seguridad y la salud en el trabajo, incluido el resultado de los controles periódicos de las condiciones de trabajo y de la actividad de los trabajadores, de acuerdo con lo dispuesto en el párrafo a) del apartado 2 del artículo 16 de esta ley.

c) Planificación de la actividad preventiva, incluidas las medidas de protección y de prevención a adoptar y, en su caso, material de protección que deba utilizarse, de conformidad con el párrafo b) del apartado 2 del artículo 16 de esta ley.

d) Práctica de los controles del estado de salud de los trabajadores previstos en el artículo 22 de esta Ley y conclusiones obtenidas de los mismos en los términos recogidos en el último párrafo del apartado 4 del citado artículo.

e) Relación de accidentes de trabajo y enfermedades profesionales que hayan causado al trabajador una incapacidad laboral superior a un día de trabajo. En estos casos el empresario realizará, además, la notificación a que se refiere el apartado 3 del presente artículo.

2. En el momento de cesación de su actividad, las empresas deberán remitir a la autoridad laboral la documentación señalada en el apartado anterior.

3. El empresario estará obligado a notificar por escrito a la autoridad laboral los daños para la salud de los trabajadores a su servicio que se hubieran producido con motivo del desarrollo de su trabajo, conforme al procedimiento que se determine reglamentariamente.

4. La documentación a que se hace referencia en el presente artículo deberá también ser puesta a disposición de las autoridades sanitarias al objeto de que éstas puedan cumplir con lo dispuesto en el artículo 10 de la presente Ley y en el artículo 21 de la Ley 14/1986, de 25 de abril, General de Sanidad.

Apdo. 1, letras a), b) y c) modificadas por Ley 54/2003, de 12 de diciembre, de reforma del marco normativo de la prevención de riesgos laborales. (BOE de 13-12-2003).

Ver arts. 30.3, 33 y 36 LPRL; 7 RSP.

ART. 24. Coordinación de actividades empresariales.

1. Cuando en un mismo centro de trabajo desarrollen actividades trabajadores de dos o más empresas, éstas deberán cooperar en la aplicación de la normativa sobre prevención de riesgos laborales. A tal fin, establecerán los medios de coordinación que sean necesarios en cuanto a la protección y prevención de riesgos laborales y la información sobre los mismos a sus respectivos trabajadores, en los términos previstos en el apartado 1 del artículo 18 de esta Ley.

2. El empresario titular del centro de trabajo adoptará las medidas necesarias para que aquellos otros empresarios que desarrollen actividades en su centro de trabajo reciban la información y las instrucciones adecuadas, en relación con los riesgos existentes en el centro de trabajo y con las medidas de protección y prevención correspondientes, así como sobre las medidas de emergencia a aplicar, para su traslado a sus respectivos trabajadores.

3. Las empresas que contraten o subcontraten con otras la realización de obras o servicios correspondientes a la propia actividad de aquéllas y que se desarrollen en sus propios centros de trabajo deberán vigilar el cumplimiento por dichos contratistas y subcontratistas de la normativa de prevención de riesgos laborales.

4. Las obligaciones consignadas en el último párrafo del apartado 1 del artículo 41 de esta Ley serán también de aplicación, respecto de las operaciones contratadas, en los supuestos en que los trabajadores de la empresa contratista o subcontratista no presten servicios en los centros de trabajo de la empresa principal, siempre que tales trabajadores deban operar con maquinaria, equipos, productos, materias primas o útiles proporcionados por la empresa principal.

5. Los deberes de cooperación y de información e instrucción recogidos en los apartados 1 y 2 serán de aplicación respecto de los trabajadores autónomos que desarrollen actividades en dichos centros de trabajo.

6. Las obligaciones previstas en este artículo serán desarrolladas reglamentariamente.

Apdo. 6 añadido por Ley 54/2003, de 12 de diciembre, de reforma del marco normativo de la prevención de riesgos laborales. (BOE de 13-12-2003).

Ver Real Decreto 171/2004, de 30 de enero, por el que se desarrolla el artículo 24 de la Ley 31/1995, de 8 de noviembre, de Prevención de Riesgos Laborales, en materia de coordinación de actividades empresariales.

ART. 25. Protección de trabajadores especialmente sensibles a determinados riesgos.

1. El empresario garantizará de manera específica la protección de los trabajadores que, por sus propias características personales o estado biológico conocido, incluidos aquellos que tengan reconocida la situación de discapacidad física, psíquica o sensorial, sean especialmente sensibles a los riesgos derivados del trabajo. A tal fin, deberá tener en cuenta dichos aspectos en las evaluaciones de los riesgos y, en función de éstas, adoptará las medidas preventivas y de protección necesarias.

Los trabajadores no serán empleados en aquellos puestos de trabajo en los que, a causa de sus características personales, estado biológico o por su discapacidad física, psíquica o sensorial debidamente reconocida, puedan ellos, los demás trabajadores u otras personas relacionadas con la empresa ponerse en situación de peligro o, en general, cuando se encuentren manifiestamente en estados o situaciones transitorias que no respondan a las exigencias psicofísicas de los respectivos puestos de trabajo.

2. Igualmente, el empresario deberá tener en cuenta en las evaluaciones los factores de riesgo que puedan incidir en la función de procreación de los trabajadores y trabajadoras, en particular por la exposición a agentes físicos, químicos y biológicos que puedan ejercer efectos mutagénicos o de toxicidad para la procreación, tanto en los aspectos de la fertilidad, como del desarrollo de la descendencia, con objeto de adoptar las medidas preventivas necesarias.

ART. 26. Protección de la maternidad.

1. La evaluación de los riesgos a que se refiere el artículo 16 de la presente Ley deberá comprender la determinación de la naturaleza, el grado y la duración de la exposición de las trabajadoras en situación de embarazo o parto reciente a agentes, procedimientos o condiciones de trabajo que puedan influir negativamente en la salud de las trabajadoras o del feto, en cualquier actividad susceptible de presentar un riesgo específico. Si los resultados de la evaluación revelasen un riesgo para la seguridad y la salud o una posible repercusión sobre el embarazo o la lactancia de las citadas trabajadoras, el empresario adoptará las medidas necesarias para evitar la exposición a dicho riesgo, a través de una adaptación de las condiciones o del tiempo de trabajo de la trabajadora afectada. Dichas medidas incluirán, cuando resulte necesario, la no realización de trabajo nocturno o de trabajo a turnos.

2. Cuando la adaptación de las condiciones o del tiempo de trabajo no resultase posible o, a pesar de tal adaptación, las condiciones de un puesto de trabajo pudieran influir negativamente en la salud de la trabajadora embarazada o del feto, y así lo certifiquen los Servicios Médicos del Instituto Nacional de la Seguridad Social o de las Mutuas, en función de la Entidad con la que la empresa tenga concertada la cobertura de los riesgos profesionales, con el informe del médico del Servicio Nacional de Salud que asista facultativamente a la trabajadora, ésta deberá desempeñar un puesto de trabajo o función diferente y compatible con su estado. El empresario deberá determinar, previa consulta con los representantes de los trabajadores, la relación de los puestos de trabajo exentos de riesgos a estos efectos.

El cambio de puesto o función se llevará a cabo de conformidad con las reglas y criterios que se apliquen en los supuestos de movilidad funcional y tendrá efectos hasta el momento en que el estado de salud de la trabajadora permita su reincorporación al anterior puesto.

En el supuesto de que, aun aplicando las reglas señaladas en el párrafo anterior, no existiese puesto de trabajo o función compatible, la trabajadora podrá ser destinada a un puesto no correspondiente a su grupo o categoría equivalente, si bien conservará el derecho al conjunto de retribuciones de su puesto de origen.

3. Si dicho cambio de puesto no resultara técnica u objetivamente posible, o no pueda razonablemente exigirse por motivos justificados, podrá declararse el paso de la trabajadora afectada a la situación de suspensión del contrato por riesgo durante el embarazo, contemplada en el artículo 45.1.d) del Estatuto de los Trabajadores, durante el período necesario para la protección de su seguridad o de su salud y mientras persista la imposibilidad de reincorporarse a su puesto anterior o a otro puesto compatible con su estado.

4. Lo dispuesto en los números 1 y 2 de este artículo será también de aplicación durante el período de lactancia natural, si las condiciones de trabajo pudieran influir negativamente en la salud de la mujer o del hijo y así lo certifiquen los Servicios Médicos del Instituto Nacional de la Seguridad Social o de las Mutuas, en función de la Entidad con la que la empresa tenga concertada la cobertura de los riesgos profesionales, con el informe del médico del Servicio Nacional de Salud que asista facultativamente a la trabajadora o a su hijo. Podrá, asimismo, declararse el pase de la trabajadora afectada a la situación de suspensión del contrato por riesgo durante la lactancia natural de hijos menores de nueve meses contemplada en el artículo 45.1.d) del Estatuto de los Trabajadores, si se dan las circunstancias previstas en el número 3 de este artículo.

5. Las trabajadoras embarazadas tendrán derecho a ausentarse del trabajo, con derecho a remuneración, para la realización de exámenes prenatales y técnicas de preparación al parto, previo aviso al empresario y justificación de la necesidad de su realización dentro de la jornada de trabajo.

Apdos. 2 (párrafo primero) y 4 modificados por Ley Orgánica 3/2007, de 22 de marzo, para la igualdad efectiva de mujeres y hombres. (BOE de 23-03-2007).

Ver art. 4.1 y Anexos VII y VIII RSP.

ART. 27. Protección de los menores.

1. Antes de la incorporación al trabajo de jóvenes menores de dieciocho años, y previamente a cualquier modificación importante de sus condiciones de trabajo, el empresario deberá efectuar una evaluación de los puestos de trabajo a desempeñar por los mismos, a fin de determinar la naturaleza, el grado y la duración de su exposición, en cualquier actividad susceptible de presentar un riesgo específico al respecto, a agentes, procesos o condiciones de trabajo que puedan poner en peligro la seguridad o la salud de estos trabajadores.

A tal fin, la evaluación tendrá especialmente en cuenta los riesgos específicos para la seguridad, la salud y el desarrollo de los jóvenes derivados de su falta de experiencia, de su inmadurez para evaluar los riesgos existentes o potenciales y de su desarrollo todavía incompleto.

En todo caso, el empresario informará a dichos jóvenes y a sus padres o tutores que hayan intervenido en la contratación, conforme a lo dispuesto en la letra b) del artículo 7 del texto refundido de la Ley del Estatuto de los Trabajadores aprobado por el Real Decreto legislativo 1/1995, de 24 de marzo, de los posibles riesgos y de todas las medidas adoptadas para la protección de su seguridad y salud.

2. Teniendo en cuenta los factores anteriormente señalados, el Gobierno establecerá las limitaciones a la contratación de jóvenes menores de dieciocho años en trabajos que presenten riesgos específicos.

ART. 28. Relaciones de trabajo temporales, de duración determinada y en empresas de trabajo temporal.

1. Los trabajadores con relaciones de trabajo temporales o de duración determinada, así como los contratados por empresas de trabajo temporal, deberán disfrutar del mismo nivel de protección en materia de seguridad y salud que los restantes trabajadores de la empresa en la que prestan sus servicios.

La existencia de una relación de trabajo de las señaladas en el párrafo anterior no justificará en ningún caso una diferencia de trato por lo que respecta a las condiciones de trabajo, en lo relativo a cualquiera de los aspectos de la protección de la seguridad y la salud de los trabajadores.

La presente Ley y sus disposiciones de desarrollo se aplicarán plenamente a las relaciones de trabajo señaladas en los párrafos anteriores.

2. El empresario adoptará las medidas necesarias para garantizar que, con carácter previo al inicio de su actividad, los trabajadores a que se refiere el apartado anterior reciban información acerca de los riesgos a los que vayan a estar expuestos, en particular en lo relativo a la necesidad de cualificaciones o aptitudes profesionales determinadas, la exigencia de controles médicos especiales o la existencia de riesgos específicos del puesto de trabajo a cubrir, así como sobre las medidas de protección y prevención frente a los mismos.

Dichos trabajadores recibirán, en todo caso, una formación suficiente y adecuada a las características del puesto de trabajo a cubrir, teniendo en cuenta su cualificación y experiencia profesional y los riesgos a los que vayan a estar expuestos.

3. Los trabajadores a que se refiere el presente artículo tendrán derecho a una vigilancia periódica de su estado de salud, en los términos establecidos en el artículo 22 de esta Ley y en sus normas de desarrollo.

4. El empresario deberá informar a los trabajadores designados para ocuparse de las actividades de protección y prevención o, en su caso, al servicio de prevención previsto en el artículo 31 de esta Ley de la incorporación de los trabajadores a que se refiere el presente artículo, en la medida necesaria para que puedan desarrollar de forma adecuada sus funciones respecto de todos los trabajadores de la empresa.

5. En las relaciones de trabajo a través de empresas de trabajo temporal, la empresa usuaria será responsable de las condiciones de ejecución del trabajo en todo lo relacionado con la protección de la seguridad y la salud de los trabajadores. Corresponderá, además, a la empresa usuaria el cumplimiento de las obligaciones en materia de información previstas en los apartados 2 y 4 del presente artículo.

La empresa de trabajo temporal será responsable del cumplimiento de las obligaciones en materia de formación y vigilancia de la salud que se establecen en los apartados 2 y 3 de este artículo. A tal fin, y sin perjuicio de lo dispuesto en el párrafo anterior, la empresa usuaria deberá informar a la empresa de trabajo temporal, y ésta a los trabajadores afectados, antes de la adscripción de los mismos, acerca de las características propias de los puestos de trabajo a desempeñar y de las cualificaciones requeridas.

La empresa usuaria deberá informar a los representantes de los trabajadores en la misma de la adscripción de los trabajadores puestos a disposición por la empresa de trabajo temporal. Dichos trabajadores podrán dirigirse a estos representantes en el ejercicio de los derechos reconocidos en la presente Ley.

Ver Real Decreto 216/1999, de 5 de febrero, sobre disposiciones mínimas de seguridad y salud en el trabajo en el ámbito de las empresas de trabajo temporal.

ART. 29. Obligaciones de los trabajadores en materia de prevención de riesgos.

1. Corresponde a cada trabajador velar, según sus posibilidades y mediante el cumplimiento de las medidas de prevención que en cada caso sean adoptadas, por su propia seguridad y salud en el trabajo y por la de aquellas otras personas a las que pueda afectar su actividad profesional, a causa de sus actos y omisiones en el trabajo, de conformidad con su formación y las instrucciones del empresario.

2. Los trabajadores, con arreglo a su formación y siguiendo las instrucciones del empresario, deberán en particular:

1.º Usar adecuadamente, de acuerdo con su naturaleza y los riesgos previsibles, las máquinas, aparatos, herramientas, sustancias peligrosas, equipos de transporte y, en general, cualesquiera otros medios con los que desarrollen su actividad.

2.º Utilizar correctamente los medios y equipos de protección facilitados por el empresario, de acuerdo con las instrucciones recibidas de éste.

3.º No poner fuera de funcionamiento y utilizar correctamente los dispositivos de seguridad existentes o que se instalen en los medios relacionados con su actividad o en los lugares de trabajo en los que ésta tenga lugar.

4.º Informar de inmediato a su superior jerárquico directo, y a los trabajadores designados para realizar actividades de protección y de prevención o, en su caso, al servicio de prevención, acerca de cualquier situación que, a su juicio, entrañe, por motivos razonables, un riesgo para la seguridad y la salud de los trabajadores.

5.º Contribuir al cumplimiento de las obligaciones establecidas por la autoridad competente con el fin de proteger la seguridad y la salud de los trabajadores en el trabajo.

6.º Cooperar con el empresario para que éste pueda garantizar unas condiciones de trabajo que sean seguras y no entrañen riesgos para la seguridad y la salud de los trabajadores.

3. El incumplimiento por los trabajadores de las obligaciones en materia de prevención de riesgos a que se refieren los apartados anteriores tendrá la consideración de incumplimiento laboral a los efectos previstos en el artículo 58.1 del Estatuto de los Trabajadores o de falta, en su caso, conforme a lo establecido en la correspondiente normativa sobre régimen disciplinario de los funcionarios públicos o del personal estatutario al servicio de las Administraciones públicas. Lo dispuesto en este apartado será igualmente aplicable a los socios de las cooperativas cuya actividad consista en la prestación de su trabajo, con las precisiones que se establezcan en sus Reglamentos de Régimen Interno.

CAPITULO IV
Servicios de prevención

Ver art. 14.2 LPRL.

Ver Real Decreto 39/1997, de 17 de enero, por el que se aprueba el Reglamento de los Servicios de Prevención.

ART. 30. Protección y prevención de riesgos profesionales.

1. En cumplimiento del deber de prevención de riesgos profesionales, el empresario designará uno o varios trabajadores para ocuparse de dicha actividad, constituirá un servicio de prevención o concertará dicho servicio con una entidad especializada ajena a la empresa.

2. Los trabajadores designados deberán tener la capacidad necesaria, disponer del tiempo y de los medios precisos y ser suficientes en número, teniendo en cuenta el tamaño de la empresa, así como los riesgos a que están expuestos los trabajadores y su distribución

en la misma, con el alcance que se determine en las disposiciones a que se refiere la letra e) del apartado 1 del artículo 6 de la presente Ley.

Los trabajadores a que se refiere el párrafo anterior colaborarán entre sí y, en su caso, con los servicios de prevención.

3. Para la realización de la actividad de prevención, el empresario deberá facilitar a los trabajadores designados el acceso a la información y documentación a que se refieren los artículos 18 y 23 de la presente Ley.

4. Los trabajadores designados no podrán sufrir ningún perjuicio derivado de sus actividades de protección y prevención de los riesgos profesionales en la empresa. En ejercicio de esta función, dichos trabajadores gozarán, en particular, de las garantías que para los representantes de los trabajadores establecen las letras a), b) y c) del artículo 68 y el apartado 4 del artículo 56 del texto refundido de la Ley del Estatuto de los Trabajadores.

Esta garantía alcanzará también a los trabajadores integrantes del servicio de prevención, cuando la empresa decida constituirlo de acuerdo con lo dispuesto en el artículo siguiente.

Los trabajadores a que se refieren los párrafos anteriores deberán guardar sigilo profesional sobre la información relativa a la empresa a la que tuvieran acceso como consecuencia del desempeño de sus funciones.

5. En las empresas de hasta diez trabajadores, el empresario podrá asumir personalmente las funciones señaladas en el apartado 1, siempre que desarrolle de forma habitual su actividad en el centro de trabajo y tenga la capacidad necesaria, en función de los riesgos a que estén expuestos los trabajadores y la peligrosidad de las actividades, con el alcance que se determine en las disposiciones a que se refiere el artículo 6.1.e) de esta Ley. La misma posibilidad se reconoce al empresario que, cumpliendo tales requisitos, ocupe hasta 25 trabajadores, siempre y cuando la empresa disponga de un único centro de trabajo.

6. El empresario que no hubiere concertado el Servicio de prevención con una entidad especializada ajena a la empresa deberá someter su sistema de prevención al control de una auditoría o evaluación externa, en los términos que reglamentariamente se determinen.

7. Las personas o entidades especializadas que pretendan desarrollar la actividad de auditoría del sistema de prevención habrán de contar con una única autorización de la autoridad laboral, que tendrá validez en todo el territorio español. El vencimiento del plazo máximo del procedimiento de autorización sin haberse notificado resolución expresa al interesado permitirá entender desestimada la solicitud por silencio administrativo, con el objeto de garantizar una adecuada protección de los trabajadores.

Apdo. 5 modificado por Ley 14/2013, de 27 de septiembre, de apoyo a los emprendedores y su internacionalización. (BOE de 28-09-2013).

Apdos. 6 y 7: Ver arts. 29 a 33 bis RSP.

ART. 31. Servicios de prevención.

1. Si la designación de uno o varios trabajadores fuera insuficiente para la realización de las actividades de prevención, en función del tamaño de la empresa, de los riesgos a que están expuestos los trabajadores o de la peligrosidad de las actividades desarrolladas, con el alcance que se establezca en las disposiciones a que se refiere la letra e) del apartado 1 del artículo 6 de la presente Ley, el empresario deberá recurrir a uno o varios servicios de prevención propios o ajenos a la empresa, que colaborarán cuando sea necesario.

Para el establecimiento de estos servicios en las Administraciones públicas se tendrá en cuenta su estructura organizativa y la existencia, en su caso, de ámbitos sectoriales y descentralizados.

2. Se entenderá como servicio de prevención el conjunto de medios humanos y materiales necesarios para realizar las actividades preventivas a fin de garantizar la adecuada protección de la seguridad y la salud de los trabajadores, asesorando y asistiendo para ello al empresario, a los trabajadores y a sus representantes y a los órganos de representación especializados. Para el ejercicio de sus funciones, el empresario deberá facilitar a dicho servicio el acceso a la información y documentación a que se refiere el apartado 3 del artículo anterior.

3. Los servicios de prevención deberán estar en condiciones de proporcionar a la empresa el asesoramiento y apoyo que precise en función de los tipos de riesgo en ella existentes y en lo referente a:

a) El diseño, implantación y aplicación de un plan de prevención de riesgos laborales que permita la integración de la prevención en la empresa.

b) La evaluación de los factores de riesgo que puedan afectar a la seguridad y la salud de los trabajadores en los términos previstos en el artículo 16 de esta Ley.

c) La planificación de la actividad preventiva y la determinación de las prioridades en la adopción de las medidas preventivas y la vigilancia de su eficacia.

d) La información y formación de los trabajadores, en los términos previstos en los artículos 18 y 19 de esta Ley.

e) La prestación de los primeros auxilios y planes de emergencia.

f) La vigilancia de la salud de los trabajadores en relación con los riesgos derivados del trabajo.

Si la empresa no llevara a cabo las actividades preventivas con recursos propios, la asunción de las funciones respecto de las materias descritas en este apartado sólo podrá hacerse por un servicio de prevención ajeno. Lo anterior se entenderá sin perjuicio de cualquiera otra atribución legal o reglamentaria de competencia a otras entidades u organismos respecto de las materias indicadas.

4. El servicio de prevención tendrá carácter interdisciplinario, debiendo sus medios ser apropiados para cumplir sus funciones. Para ello, la formación, especialidad, capacitación, dedicación y número de componentes de estos servicios, así como sus recursos técnicos, deberán ser suficientes y adecuados a las actividades preventivas a desarrollar, en función de las siguientes circunstancias:

a) Tamaño de la empresa.

b) Tipos de riesgo a los que puedan encontrarse expuestos los trabajadores.

c) Distribución de riesgos en la empresa.

5. Para poder actuar como servicios de prevención, las entidades especializadas deberán ser objeto de una acreditación por la autoridad laboral, que será única y con validez en todo el territorio español, mediante la comprobación de que reúnen los requisitos que se establezcan reglamentariamente y previa aprobación de la autoridad sanitaria en cuanto a los aspectos de carácter sanitario.

Entre estos requisitos, las entidades especializadas deberán suscribir una póliza de seguro que cubra su responsabilidad en la cuantía que se determine reglamentariamente y sin que aquella constituya el límite de la responsabilidad del servicio.

6. El vencimiento del plazo máximo del procedimiento de acreditación sin haberse notificado resolución expresa al interesado permitirá entender desestimada la solicitud por silencio administrativo, con el objeto de garantizar una adecuada protección de los trabajadores.

Apdos. 3 y 5 modificados, y apdo. 6 se añade, por Ley 25/2009, de 22 de diciembre, de modificación de diversas leyes para su adaptación a la Ley sobre el libre acceso a las actividades de servicios y su ejercicio. (BOE de 23-12-2009).

Ver art. 28.4 LPRL.

Apdo. 1: Ver Real Decreto 67/2010, de 29 de enero, de adaptación de la legislación de Prevención de Riesgos Laborales a la Administración General del Estado; D.A. 4.ª RSP.

Apdo. 3: Ver arts. 17.1, 19.2 y 20.1 RSP.

Apdo. 5: Ver arts. 10, 14, 15 y 25.1 RSP.

Apdo. 6: Ver art. 25.5 RSP.

ART. 32. Prohibición de participación en actividades mercantiles de prevención.

Las Mutuas Colaboradoras con la Seguridad Social no podrán desarrollar las funciones correspondientes a los servicios de prevención ajenos, ni participar con cargo a su patrimonio histórico en el capital social de una sociedad mercantil en cuyo objeto figure la actividad de prevención.

Modificado por Ley 35/2014, de 26 de diciembre, por la que se modifica el texto refundido de la Ley General de la Seguridad Social en relación con el régimen jurídico de las Mutuas de Accidentes de Trabajo y Enfermedades Profesionales de la Seguridad Social. (BOE de 29-12-2014).

Ver Real Decreto 688/2005, de 10 de junio, por el que se regula el régimen de funcionamiento de las mutuas de accidentes de trabajo y enfermedades profesionales de la Seguridad Social como servicio de prevención ajeno.

Ver arts. 22 y D.T. 2.ª RSP.

ART. 32 bis. Presencia de los recursos preventivos.

1. La presencia en el centro de trabajo de los recursos preventivos, cualquiera que sea la modalidad de organización de dichos recursos, será necesaria en los siguientes casos:

a) Cuando los riesgos puedan verse agravados o modificados en el desarrollo del proceso o la actividad, por la concurrencia de operaciones diversas que se desarrollan sucesiva o simultáneamente y que hagan preciso el control de la correcta aplicación de los métodos de trabajo.

b) Cuando se realicen actividades o procesos que reglamentariamente sean considerados como peligrosos o con riesgos especiales.

c) Cuando la necesidad de dicha presencia sea requerida por la Inspección de Trabajo y Seguridad Social, si las circunstancias del caso así lo exigieran debido a las condiciones de trabajo detectadas.

2. Se consideran recursos preventivos, a los que el empresario podrá asignar la presencia, los siguientes:

a) Uno o varios trabajadores designados de la empresa.

b) Uno o varios miembros del servicio de prevención propio de la empresa.

c) Uno o varios miembros del o los servicios de prevención ajenos concertados por la empresa.

Cuando la presencia sea realizada por diferentes recursos preventivos éstos deberán colaborar entre sí.

3. Los recursos preventivos a que se refiere el apartado anterior deberán tener la capacidad suficiente, disponer de los medios necesarios y ser suficientes en número para vigilar el cumplimiento de las actividades preventivas, debiendo permanecer en el centro de trabajo durante el tiempo en que se mantenga la situación que determine su presencia.

4. No obstante lo señalado en los apartados anteriores, el empresario podrá asignar la presencia de forma expresa a uno o varios trabajadores de la empresa que, sin formar parte del servicio de prevención propio ni ser trabajadores designados, reúnan los conocimientos, la cualificación y la experiencia necesarios en las actividades o procesos a que se refiere el apartado 1 y cuenten con la formación preventiva correspondiente, como mínimo, a las funciones del nivel básico.

En este supuesto, tales trabajadores deberán mantener la necesaria colaboración con los recursos preventivos del empresario.

> *Añadido por Ley 54/2003, de 12 de diciembre, de reforma del marco normativo de la prevención de riesgos laborales. (BOE de 13-12-2003).*
>
> *Ver art. 22 bis RSP.*

CAPITULO V
Consulta y participación de los trabajadores

> *Ver art. 18 LPRL; 1.2 RSP.*
>
> *Ver Real Decreto 1932/1998, de 11 de septiembre, de adaptación de los capítulos III y V de la Ley 31/1995, de 8 de noviembre, de Prevención de Riesgos Laborales, al ámbito de los centros y establecimientos militares.*

ART. 33. Consulta de los trabajadores.

1. El empresario deberá consultar a los trabajadores, con la debida antelación, la adopción de las decisiones relativas a:

a) La planificación y la organización del trabajo en la empresa y la introducción de nuevas tecnologías, en todo lo relacionado con las consecuencias que éstas pudieran tener para la seguridad y la salud de los trabajadores, derivadas de la elección de los equipos, la determinación y la adecuación de las condiciones de trabajo y el impacto de los factores ambientales en el trabajo.

b) La organización y desarrollo de las actividades de protección de la salud y prevención de los riesgos profesionales en la empresa, incluida la designación de los trabajadores encargados de dichas actividades o el recurso a un servicio de prevención externo.

c) La designación de los trabajadores encargados de las medidas de emergencia.

d) Los procedimientos de información y documentación a que se refieren los artículos 18, apartado 1, y 23, apartado 1, de la presente Ley.

e) El proyecto y la organización de la formación en materia preventiva.

f) Cualquier otra acción que pueda tener efectos sustanciales sobre la seguridad y la salud de los trabajadores.

2. En las empresas que cuenten con representantes de los trabajadores, las consultas a que se refiere el apartado anterior se llevarán a cabo con dichos representantes.

Ver art. 36 LPRL; 1, 3.2, 16.2 y 21.2 RSP.

ART. 34. Derechos de participación y representación.

1. Los trabajadores tienen derecho a participar en la empresa en las cuestiones relacionadas con la prevención de riesgos en el trabajo.

En las empresas o centros de trabajo que cuenten con seis o más trabajadores, la participación de éstos se canalizará a través de sus representantes y de la representación especializada que se regula en este capítulo.

2. A los Comités de Empresa, a los Delegados de Personal y a los representantes sindicales les corresponde, en los términos que, respectivamente, les reconocen el Estatuto de los Trabajadores, la Ley de Órganos de Representación del Personal al Servicio de las Administraciones Públicas y la Ley Orgánica de Libertad Sindical, la defensa de los intereses de los trabajadores en materia de prevención de riesgos en el trabajo. Para ello, los representantes del personal ejercerán las competencias que dichas normas establecen en materia de información, consulta y negociación, vigilancia y control y ejercicio de acciones ante las empresas y los órganos y tribunales competentes.

3. El derecho de participación que se regula en este capítulo se ejercerá en el ámbito de las Administraciones públicas con las adaptaciones que procedan en atención a la diversidad de las actividades que desarrollan y las diferentes condiciones en que éstas se realizan, la complejidad y dispersión de su estructura organizativa y sus peculiaridades en materia de representación colectiva, en los términos previstos en la Ley 7/1990, de 19 de julio, sobre negociación colectiva y participación en la determinación de las condiciones de trabajo de los empleados públicos, pudiéndose establecer ámbitos sectoriales y descentralizados en función del número de efectivos y centros.

Para llevar a cabo la indicada adaptación en el ámbito de la Administración General del Estado, el Gobierno tendrá en cuenta los siguientes criterios:

a) En ningún caso dicha adaptación podrá afectar a las competencias, facultades y garantías que se reconocen en esta Ley a los Delegados de Prevención y a los Comités de Seguridad y Salud.

b) Se deberá establecer el ámbito específico que resulte adecuado en cada caso para el ejercicio de la función de participación en materia preventiva dentro de la estructura organizativa de la Administración. Con carácter general, dicho ámbito será el de los órganos de representación del personal al servicio de las Administraciones públicas, si bien podrán establecerse otros distintos en función de las características de la actividad y frecuencia de los riesgos a que puedan encontrarse expuestos los trabajadores.

c) Cuando en el indicado ámbito existan diferentes órganos de representación del personal, se deberá garantizar una actuación coordinada de todos ellos en materia de prevención y protección de la seguridad y la salud en el trabajo, posibilitando que la participación se realice de forma conjunta entre unos y otros, en el ámbito específico establecido al efecto.

d) Con carácter general, se constituirá un único Comité de Seguridad y Salud en el ámbito de los órganos de representación previstos en la Ley de Órganos de Representación del Personal al Servicio de las Administraciones Públicas, que estará integrado por los Delegados de Prevención designados en dicho ámbito, tanto para el personal con relación de carácter administrativo o estatutario como para el personal laboral, y por representantes de la Administración en número no superior al de Delegados. Ello no obstante, podrán constituirse Comités de Seguridad y Salud en otros ámbitos cuando las razones de la actividad y el tipo y frecuencia de los riesgos así lo aconsejen.

Ver art. 1 RSP.

Apdo. 3: Ver Real Decreto 67/2010, de 29 de enero, de adaptación de la legislación de Prevención de Riesgos Laborales a la Administración General del Estado.

ART. 35. Delegados de Prevención.

1. Los Delegados de Prevención son los representantes de los trabajadores con funciones específicas en materia de prevención de riesgos en el trabajo.

2. Los Delegados de Prevención serán designados por y entre los representantes del personal, en el ámbito de los órganos de representación previstos en las normas a que se refiere el artículo anterior, con arreglo a la siguiente escala:

De 50 a 100 trabajadores: 2 Delegados de Prevención.
De 101 a 500 trabajadores: 3 Delegados de Prevención.
De 501 a 1.000 trabajadores: 4 Delegados de Prevención.
De 1.001 a 2.000 trabajadores: 5 Delegados de Prevención.
De 2.001 a 3.000 trabajadores: 6 Delegados de Prevención.
De 3.001 a 4.000 trabajadores: 7 Delegados de Prevención.
De 4.001 en adelante: 8 Delegados de Prevención.

En las empresas de hasta treinta trabajadores el Delegado de Prevención será el Delegado de Personal. En las empresas de treinta y uno a cuarenta y nueve trabajadores habrá un Delegado de Prevención que será elegido por y entre los Delegados de Personal.

3. A efectos de determinar el número de Delegados de Prevención se tendrán en cuenta los siguientes criterios:

a) Los trabajadores vinculados por contratos de duración determinada superior a un año se computarán como trabajadores fijos de plantilla.

b) Los contratados por término de hasta un año se computarán según el número de días trabajados en el período de un año anterior a la designación. Cada doscientos días trabajados o fracción se computarán como un trabajador más.

4. No obstante lo dispuesto en el presente artículo, en los convenios colectivos podrán establecerse otros sistemas de designación de los Delegados de Prevención, siempre que se garantice que la facultad de designación corresponde a los representantes del personal o a los propios trabajadores.

Asimismo, en la negociación colectiva o mediante los acuerdos a que se refiere el artículo 83, apartado 3, del Estatuto de los Trabajadores podrá acordarse que las competencias reconocidas en esta Ley a los Delegados de Prevención sean ejercidas por órganos específicos creados en el propio convenio o en los acuerdos citados. Dichos órganos podrán asumir, en los términos y conforme a las modalidades que se acuerden, competencias generales respecto del conjunto de los centros de trabajo incluidos en el ámbito de aplicación del convenio o del acuerdo, en orden a fomentar el mejor cumplimiento en los mismos de la normativa sobre prevención de riesgos laborales.

Igualmente, en el ámbito de las Administraciones públicas se podrán establecer, en los términos señalados en la Ley 7/1990, de 19 de julio, sobre negociación colectiva y participación en la determinación de las condiciones de trabajo de los empleados públicos, otros sistemas de designación de los Delegados de Prevención y acordarse que las competencias que esta Ley atribuye a éstos puedan ser ejercidas por órganos específicos.

Ver D.A. 10.ª LPRL.

Apdo. 4: Ver Real Decreto 67/2010, de 29 de enero, de adaptación de la legislación de Prevención de Riesgos Laborales a la Administración General del Estado.

ART. 36. Competencias y facultades de los Delegados de Prevención.

1. Son competencias de los Delegados de Prevención:

a) Colaborar con la dirección de la empresa en la mejora de la acción preventiva.

b) Promover y fomentar la cooperación de los trabajadores en la ejecución de la normativa sobre prevención de riesgos laborales.

c) Ser consultados por el empresario, con carácter previo a su ejecución, acerca de las decisiones a que se refiere el artículo 33 de la presente Ley.

d) Ejercer una labor de vigilancia y control sobre el cumplimiento de la normativa de prevención de riesgos laborales.

En las empresas que, de acuerdo con lo dispuesto en el apartado 2 del artículo 38 de esta Ley, no cuenten con Comité de Seguridad y Salud por no alcanzar el número mínimo de trabajadores establecido al efecto, las competencias atribuidas a aquél en la presente Ley serán ejercidas por los Delegados de Prevención.

2. En el ejercicio de las competencias atribuidas a los Delegados de Prevención, éstos estarán facultados para:

a) Acompañar a los técnicos en las evaluaciones de carácter preventivo del medio ambiente de trabajo, así como, en los términos previstos en el artículo 40 de esta Ley, a los Inspectores de Trabajo y Seguridad Social en las visitas y verificaciones que realicen en los centros de trabajo para comprobar el cumplimiento de la normativa sobre prevención de riesgos laborales, pudiendo formular ante ellos las observaciones que estimen oportunas.

b) Tener acceso, con las limitaciones previstas en el apartado 4 del artículo 22 de esta Ley, a la información y documentación relativa a las condiciones de trabajo que sean necesarias para el ejercicio de sus funciones y, en particular, a la prevista en los artículos 18 y 23 de esta Ley. Cuando la información esté sujeta a las limitaciones reseñadas, sólo podrá ser suministrada de manera que se garantice el respeto de la confidencialidad.

c) Ser informados por el empresario sobre los daños producidos en la salud de los trabajadores una vez que aquél hubiese tenido conocimiento de ellos, pudiendo presentarse, aún fuera de su jornada laboral, en el lugar de los hechos para conocer las circunstancias de los mismos.

d) Recibir del empresario las informaciones obtenidas por éste procedentes de las personas u órganos encargados de las actividades de protección y prevención en la empresa, así como de los organismos competentes para la seguridad y la salud de los trabajadores, sin perjuicio de lo dispuesto en el artículo 40 de esta Ley en materia de colaboración con la Inspección de Trabajo y Seguridad Social.

e) Realizar visitas a los lugares de trabajo para ejercer una labor de vigilancia y control del estado de las condiciones de trabajo, pudiendo, a tal fin, acceder a cualquier zona de los mismos y comunicarse durante la jornada con los trabajadores, de manera que no se altere el normal desarrollo del proceso productivo.

f) Recabar del empresario la adopción de medidas de carácter preventivo y para la mejora de los niveles de protección de la seguridad y la salud de los trabajadores, pudiendo a tal fin efectuar propuestas al empresario, así como al Comité de Seguridad y Salud para su discusión en el mismo.

g) Proponer al órgano de representación de los trabajadores la adopción del acuerdo de paralización de actividades a que se refiere el apartado 3 del artículo 21.

3. Los informes que deban emitir los Delegados de Prevención a tenor de lo dispuesto en la letra c) del apartado 1 de este artículo deberán elaborarse en un plazo de quince días, o en el tiempo imprescindible cuando se trate de adoptar medidas dirigidas a prevenir riesgos inminentes. Transcurrido el plazo sin haberse emitido el informe, el empresario podrá poner en práctica su decisión.

4. La decisión negativa del empresario a la adopción de las medidas propuestas por el Delegado de Prevención a tenor de lo dispuesto en la letra f) del apartado 2 de este artículo deberá ser motivada.

Ver D.A. 17.ª LPRL; 1 RSP.

ART. 37. Garantías y sigilo profesional de los Delegados de Prevención.

1. Lo previsto en el artículo 68 del Estatuto de los Trabajadores en materia de garantías será de aplicación a los Delegados de Prevención en su condición de representantes de los trabajadores.

El tiempo utilizado por los Delegados de Prevención para el desempeño de las funciones previstas en esta Ley será considerado como de ejercicio de funciones de representación a efectos de la utilización del crédito de horas mensuales retribuidas previsto en la letra e) del citado artículo 68 del Estatuto de los Trabajadores.

No obstante lo anterior, será considerado en todo caso como tiempo de trabajo efectivo, sin imputación al citado crédito horario, el correspondiente a las reuniones del Comité de Seguridad y Salud y a cualesquiera otras convocadas por el empresario en materia de prevención de riesgos, así como el destinado a las visitas previstas en las letras a) y c) del número 2 del artículo anterior.

2. El empresario deberá proporcionar a los Delegados de Prevención los medios y la formación en materia preventiva que resulten necesarios para el ejercicio de sus funciones.

La formación se deberá facilitar por el empresario por sus propios medios o mediante concierto con organismos o entidades especializadas en la materia y deberá adaptarse a la evolución de los riesgos y a la aparición de otros nuevos, repitiéndose periódicamente si fuera necesario.

El tiempo dedicado a la formación será considerado como tiempo de trabajo a todos los efectos y su coste no podrá recaer en ningún caso sobre los Delegados de Prevención.

3. A los Delegados de Prevención les será de aplicación lo dispuesto en el apartado 2 del artículo 65 del Estatuto de los Trabajadores en cuanto al sigilo profesional debido respecto de las informaciones a que tuviesen acceso como consecuencia de su actuación en la empresa.

4. Lo dispuesto en el presente artículo en materia de garantías y sigilo profesional de los Delegados de Prevención se entenderá referido, en el caso de las relaciones de carácter administrativo o estatutario del personal al servicio de las Administraciones públicas, a la regulación contenida en los artículos 10, párrafo segundo, y 11 de la Ley 9/1987, de 12 de junio, de Órganos de Representación, Determinación de las Condiciones de Trabajo y Participación del Personal al Servicio de las Administraciones Públicas.

Ver D.A. 17.ª LPRL.

ART. 38. Comité de Seguridad y Salud.

1. El Comité de Seguridad y Salud es el órgano paritario y colegiado de participación destinado a la consulta regular y periódica de las actuaciones de la empresa en materia de prevención de riesgos.

2. Se constituirá un Comité de Seguridad y Salud en todas las empresas o centros de trabajo que cuenten con 50 o más trabajadores.

El Comité estará formado por los Delegados de Prevención, de una parte, y por el empresario y/o sus representantes en número igual al de los Delegados de Prevención, de la otra.

En las reuniones del Comité de Seguridad y Salud participarán, con voz pero sin voto, los Delegados Sindicales y los responsables técnicos de la prevención en la empresa que no estén incluidos en la composición a la que se refiere el párrafo anterior. En las mismas condiciones podrán participar trabajadores de la empresa que cuenten con una especial cualificación o información respecto de concretas cuestiones que se debatan en este órgano y técnicos en prevención ajenos a la empresa, siempre que así lo solicite alguna de las representaciones en el Comité.

3. El Comité de Seguridad y Salud se reunirá trimestralmente y siempre que lo solicite alguna de las representaciones en el mismo. El Comité adoptará sus propias normas de funcionamiento.

Las empresas que cuenten con varios centros de trabajo dotados de Comité de Seguridad y Salud podrán acordar con sus trabajadores la creación de un Comité Intercentros, con las funciones que el acuerdo le atribuya.

Ver art. 36 LPRL.

ART. 39. Competencias y facultades del Comité de Seguridad y Salud.

1. El Comité de Seguridad y Salud tendrá las siguientes competencias:

a) Participar en la elaboración, puesta en práctica y evaluación de los planes y programas de prevención de riesgos de la empresa. A tal efecto, en su seno se debatirán, antes de su puesta en práctica y en lo referente a su incidencia en la prevención de riesgos, la elección de la modalidad organizativa de la empresa y, en su caso, la gestión realizada por las entidades especializadas con las que la empresa hubiera concertado la realización de actividades preventivas; los proyectos en materia de planificación, organización del trabajo e introducción de nuevas tecnologías, organización y desarrollo de las actividades de protección y prevención a que se refiere el artículo 16 de esta Ley y proyecto y organización de la formación en materia preventiva.

b) Promover iniciativas sobre métodos y procedimientos para la efectiva prevención de los riesgos, proponiendo a la empresa la mejora de las condiciones o la corrección de las deficiencias existentes.

2. En el ejercicio de sus competencias, el Comité de Seguridad y Salud estará facultado para:

a) Conocer directamente la situación relativa a la prevención de riesgos en el centro de trabajo, realizando a tal efecto las visitas que estime oportunas.

b) Conocer cuantos documentos e informes relativos a las condiciones de trabajo sean necesarios para el cumplimiento de sus funciones, así como los procedentes de la actividad del servicio de prevención, en su caso.

c) Conocer y analizar los daños producidos en la salud o en la integridad física de los trabajadores, al objeto de valorar sus causas y proponer las medidas preventivas oportunas.

d) Conocer e informar la memoria y programación anual de servicios de prevención.

3. A fin de dar cumplimiento a lo dispuesto en esta Ley respecto de la colaboración entre empresas en los supuestos de desarrollo simultáneo de actividades en un mismo centro de trabajo, se podrá acordar la realización de reuniones conjuntas de los Comités de Seguridad y Salud o, en su defecto, de los Delegados de Prevención y empresarios de las empresas que carezcan de dichos Comités, u otras medidas de actuación coordinada.

Apdo. 1.a) modificado por Ley 25/2009, de 22 de diciembre, de modificación de diversas leyes para su adaptación a la Ley sobre el libre acceso a las actividades de servicios y su ejercicio. (BOE de 23-12-2009).

Ver arts. 15.5, 16.2, 20.2 y 21.2 RSP.

ART. 40. Colaboración con la Inspección de Trabajo y Seguridad Social.

1. Los trabajadores y sus representantes podrán recurrir a la Inspección de Trabajo y Seguridad Social si consideran que las medidas adoptadas y los medios utilizados por el empresario no son suficientes para garantizar la seguridad y la salud en el trabajo.

2. En las visitas a los centros de trabajo para la comprobación del cumplimiento de la normativa sobre prevención de riesgos laborales, el Inspector de Trabajo y Seguridad Social comunicará su presencia al empresario o a su representante o a la persona inspeccionada, al Comité de Seguridad y Salud, al Delegado de Prevención o, en su ausencia, a los representantes legales de los trabajadores, a fin de que puedan acompañarle durante el desarrollo de su visita y formularle las observaciones que estimen oportunas, a menos que considere que dichas comunicaciones puedan perjudicar el éxito de sus funciones.

3. La Inspección de Trabajo y Seguridad Social informará a los Delegados de Prevención sobre los resultados de las visitas a que hace referencia el apartado anterior y sobre las medidas adoptadas como consecuencia de las mismas, así como al empresario mediante diligencia en el Libro de Visitas de la Inspección de Trabajo y Seguridad Social que debe existir en cada centro de trabajo.

4. Las organizaciones sindicales y empresariales más representativas serán consultadas con carácter previo a la elaboración de los planes de actuación de la Inspección de Trabajo y Seguridad Social en materia de prevención de riesgos en el trabajo, en especial de los programas específicos para empresas de menos de seis trabajadores, e informadas del resultado de dichos planes.

Ver art. 36 LPRL.

CAPITULO VI
Obligaciones de los fabricantes, importadores y suministradores

ART. 41. Obligaciones de los fabricantes, importadores y suministradores.

1. Los fabricantes, importadores y suministradores de maquinaria, equipos, productos y útiles de trabajo están obligados a asegurar que éstos no constituyan una fuente de peligro para el trabajador, siempre que sean instalados y utilizados en las condiciones, forma y para los fines recomendados por ellos.

Los fabricantes, importadores y suministradores de productos y sustancias químicas de utilización en el trabajo están obligados a envasar y etiquetar los mismos de forma que se permita su conservación y manipulación en condiciones de seguridad y se identifique claramente su contenido y los riesgos para la seguridad o la salud de los trabajadores que su almacenamiento o utilización comporten.

Los sujetos mencionados en los dos párrafos anteriores deberán suministrar la información que indique la forma correcta de utilización por los trabajadores, las medidas preventivas adicionales que deban tomarse y los riesgos laborales que conlleven tanto su uso normal, como su manipulación o empleo inadecuado.

Los fabricantes, importadores y suministradores de elementos para la protección de los trabajadores están obligados a asegurar la efectividad de los mismos, siempre que sean instalados y usados en las condiciones y de la forma recomendada por ellos. A tal efecto, deberán suministrar la información que indique el tipo de riesgo al que van dirigidos, el nivel de protección frente al mismo y la forma correcta de su uso y mantenimiento.

Los fabricantes, importadores y suministradores deberán proporcionar a los empresarios, y éstos recabar de aquéllos, la información necesaria para que la utilización y manipulación de la maquinaria, equipos, productos, materias primas y útiles de trabajo se produzca sin riesgos para la seguridad y la salud de los trabajadores, así como para que los empresarios puedan cumplir con sus obligaciones de información respecto de los trabajadores.

2. El empresario deberá garantizar que las informaciones a que se refiere el apartado anterior sean facilitadas a los trabajadores en términos que resulten comprensibles para los mismos.

Ver art. 24.4 LPRL.

CAPITULO VII
Responsabilidades y sanciones

Ver arts. 7.1.c), 9.1.a) LPRL.

ART. 42. Responsabilidades y su compatibilidad.

1. El incumplimiento por los empresarios de sus obligaciones en materia de prevención de riesgos laborales dará lugar a responsabilidades administrativas, así como, en su caso, a responsabilidades penales y a las civiles por los daños y perjuicios que puedan derivarse de dicho incumplimiento.

2. (*Derogado*)

3. Las responsabilidades administrativas que se deriven del procedimiento sancionador serán compatibles con las indemnizaciones por los daños y perjuicios causados y de recargo de prestaciones económicas del sistema de la Seguridad Social que puedan ser fijadas por el órgano competente de conformidad con lo previsto en la normativa reguladora de dicho sistema.

4. (*Derogado*)

5. (*Derogado*)

Apdos. 2, 4 y 5 se derogan por Real Decreto Legislativo 5/2000, de 4 de agosto, por el que se aprueba el texto refundido de la Ley sobre Infracciones y Sanciones en el Orden Social. (BOE de 08-08-2000).

ART. 43. Requerimientos de la Inspección de Trabajo y Seguridad Social.

1. Cuando el Inspector de Trabajo y Seguridad Social comprobase la existencia de una infracción a la normativa sobre prevención de riesgos laborales, requerirá al empresario para la subsanación de las deficiencias observadas, salvo que por la gravedad e inminencia de los riesgos procediese acordar la paralización prevista en el artículo 44. Todo ello sin perjuicio de la propuesta de sanción correspondiente, en su caso.

2. El requerimiento formulado por el Inspector de Trabajo y Seguridad Social se hará saber por escrito al empresario presuntamente responsable señalando las anomalías o deficiencias apreciadas con indicación del plazo para su subsanación. Dicho requerimiento se pondrá, asimismo, en conocimiento de los Delegados de Prevención.

Si se incumpliera el requerimiento formulado, persistiendo los hechos infractores, el Inspector de Trabajo y Seguridad Social, de no haberlo efectuado inicialmente, levantará la correspondiente acta de infracción por tales hechos.

3. Los requerimientos efectuados por los funcionarios públicos a que se refiere el artículo 9.2 de esta ley, en ejercicio de sus funciones de apoyo y colaboración con la Inspección de Trabajo y Seguridad Social, se practicarán con los requisitos y efectos establecidos en el apartado anterior, pudiendo reflejarse en el Libro de Visitas de la Inspección de Trabajo y Seguridad Social, en la forma que se determine reglamentariamente.

Apdo. 3 añadido por Ley 54/2003, de 12 de diciembre, de reforma del marco normativo de la prevención de riesgos laborales. (BOE de 13-12-2003).

Ver art. 9.2 LPRL.

ART. 44. Paralización de trabajos.

1. Cuando el Inspector de Trabajo y Seguridad Social compruebe que la inobservancia de la normativa sobre prevención de riesgos laborales implica, a su juicio, un riesgo grave e inminente para la seguridad y la salud de los trabajadores podrá ordenar la paralización inmediata de tales trabajos o tareas. Dicha medida será comunicada a la empresa responsable, que la pondrá en conocimiento inmediato de los trabajadores afectados, del Comité de Seguridad y Salud, del Delegado de Prevención o, en su ausencia, de los representantes del personal. La empresa responsable dará cuenta al Inspector de Trabajo y Seguridad Social del cumplimiento de esta notificación.

El Inspector de Trabajo y Seguridad Social dará traslado de su decisión de forma inmediata a la autoridad laboral. La empresa, sin perjuicio del cumplimiento inmediato de tal decisión, podrá impugnarla ante la autoridad laboral en el plazo de tres días hábiles, debiendo resolverse tal impugnación en el plazo máximo de veinticuatro horas. Tal resolución será ejecutiva, sin perjuicio de los recursos que procedan.

La paralización de los trabajos se levantará por la Inspección de Trabajo y Seguridad Social que la hubiera decretado, o por el empresario tan pronto como se subsanen las causas que la motivaron, debiendo, en este último caso, comunicarlo inmediatamente a la Inspección de Trabajo y Seguridad Social.

2. Los supuestos de paralización regulados en este artículo, así como los que se contemplen en la normativa reguladora de las actividades previstas en el apartado 2 del artículo 7 de la presente Ley, se entenderán, en todo caso, sin perjuicio del pago del salario o de las indemnizaciones que procedan y de las medidas que puedan arbitrarse para su garantía.

Ver art. 43 LPRL.

ART. 45. Infracciones administrativas.

1. (*Párrafos primero y segundo derogados*).

No obstante lo anterior, en el ámbito de las relaciones del personal civil al servicio de las Administraciones públicas, las infracciones serán objeto de responsabilidades a través de la imposición, por resolución de la autoridad competente, de la realización de las medidas correctoras de los correspondientes incumplimientos, conforme al procedimiento que al efecto se establezca.

En el ámbito de la Administración General del Estado, corresponderá al Gobierno la regulación de dicho procedimiento, que se ajustará a los siguientes principios:

a) El procedimiento se iniciará por el órgano competente de la Inspección de Trabajo y Seguridad Social por orden superior, bien por propia iniciativa o a petición de los representantes del personal.

b) Tras su actuación, la Inspección efectuará un requerimiento sobre las medidas a adoptar y plazo de ejecución de las mismas, del que se dará traslado a la unidad administrativa inspeccionada a efectos de formular alegaciones.

c) En caso de discrepancia entre los Ministros competentes como consecuencia de la aplicación de este procedimiento, se elevarán las actuaciones al Consejo de Ministros para su decisión final.

2. (*Derogado*).

Apdo. 1 (párrafos primero y segundo) y apdo. 2 se derogan por Real Decreto Legislativo 5/2000, de 4 de agosto, por el que se aprueba el texto refundido de la Ley sobre Infracciones y Sanciones en el Orden Social. (BOE de 08-08-2000).

ARTS. 46 A 52.

(DEROGADOS)

Derogados por Real Decreto Legislativo 5/2000, de 4 de agosto, por el que se aprueba el texto refundido de la Ley sobre Infracciones y Sanciones en el Orden Social. (BOE de 08-08-2000).

ART. 53. Suspensión o cierre del centro de trabajo.

El Gobierno o, en su caso, los órganos de gobierno de las Comunidades Autónomas con competencias en la materia, cuando concurran circunstancias de excepcional gravedad en las infracciones en materia de seguridad y salud en el trabajo, podrán acordar la suspensión de las actividades laborales por un tiempo determinado o, en caso extremo, el cierre del centro de trabajo correspondiente, sin perjuicio, en todo caso, del pago del salario o de las indemnizaciones que procedan y de las medidas que puedan arbitrarse para su garantía.

ART. 54. Limitaciones a la facultad de contratar con la Administración.

Las limitaciones a la facultad de contratar con la Administración por la comisión de delitos o por infracciones administrativas muy graves en materia de seguridad y salud en el trabajo, se regirán por lo establecido en la Ley 13/1995, de 18 de mayo, de Contratos de las Administraciones Públicas.

DISPOSICIONES ADICIONALES

D.A. 1.ª Definiciones a efectos de Seguridad Social.

Sin perjuicio de la utilización de las definiciones contenidas en esta Ley en el ámbito de la normativa sobre prevención de riesgos laborales, tanto la definición de los conceptos de accidente de trabajo, enfermedad profesional, accidente no laboral y enfermedad común, como el régimen jurídico establecido para estas contingencias en la normativa de Seguridad Social, continuarán siendo de aplicación en los términos y con los efectos previstos en dicho ámbito normativo.

D.A. 2.ª Reordenación orgánica.

Queda extinguida la Organización de los Servicios Médicos de Empresa, cuyas funciones pasarán a ser desempeñadas por la Administración sanitaria competente en los términos de la presente Ley.

Los recursos y funciones que actualmente tienen atribuidos el Instituto Nacional de Medicina y Seguridad del Trabajo y la Escuela Nacional de Medicina del Trabajo se adscriben y serán desarrollados por las unidades, organismos o entidades del Ministerio de Sanidad y Consumo conforme a su organización y distribución interna de competencias.

El Instituto Nacional de Silicosis mantendrá su condición de centro de referencia nacional de prevención técnicosanitaria de las enfermedades profesionales que afecten al sistema cardiorrespiratorio.

D.A. 3.ª Carácter básico.

1. Esta Ley, así como las normas reglamentarias que dicte el Gobierno en virtud de lo establecido en el artículo 6, constituyen legislación laboral, dictada al amparo del artículo 149.1.7.ª de la Constitución.

2. Respecto del personal civil con relación de carácter administrativo o estatutario al servicio de las Administraciones públicas, la presente Ley será de aplicación en los siguientes términos:

a) Los artículos que a continuación se relacionan constituyen normas básicas en el sentido previsto en el artículo 149.1.18.ª de la Constitución:

2.

3, apartados 1 y 2, excepto el párrafo segundo.

4.

5, apartado 1.

12.

14, apartados 1, 2, excepto la remisión al capítulo IV, 3, 4 y 5.

15.

16.

17.

18, apartados 1 y 2, excepto remisión al capítulo V.

19, apartados 1 y 2, excepto referencia a la impartición por medios propios o concertados.

20.

21.

22.

23.

24, apartados 1, 2 y 3.

25.

26.

28, apartados 1, párrafos primero y segundo, 2, 3 y 4, excepto en lo relativo a las empresas de trabajo temporal.

29.

30, apartados 1, 2, excepto la remisión al artículo 6.1.a), 3 y 4, excepto la remisión al texto refundido de la Ley del Estatuto de los Trabajadores.

31, apartados 1, excepto remisión al artículo 6.1.a), 2, 3 y 4.

33.

34, apartados 1, párrafo primero, 2 y 3, excepto párrafo segundo.

35, apartados 1, 2, párrafo primero, 4, párrafo tercero.

36, excepto las referencias al Comité de Seguridad y Salud.

37, apartados 2 y 4.

42, apartado 1.

45, apartado 1, párrafo tercero.

Disposición adicional cuarta. Designación de Delegados de Prevención en supuestos especiales.

Disposición transitoria, apartado 3.º

Tendrán este mismo carácter básico, en lo que corresponda, las normas reglamentarias que dicte el Gobierno en virtud de lo establecido en el artículo 6 de esta Ley.

b) En el ámbito de las Comunidades Autónomas y las entidades locales, las funciones que la Ley atribuye a las autoridades laborales y a la Inspección de Trabajo y Seguridad Social podrán ser atribuidas a órganos diferentes.

c) Los restantes preceptos serán de aplicación general en defecto de normativa específica dictada por las Administraciones públicas, a excepción de lo que resulte inaplicable a las mismas por su propia naturaleza jurídico-laboral.

3. El artículo 54 constituye legislación básica de contratos administrativos, dictada al amparo del artículo 149.1.18.ª de la Constitución.

D.A. 4.ª Designación de Delegados de Prevención en supuestos especiales.

En los centros de trabajo que carezcan de representantes de los trabajadores por no existir trabajadores con la antigüedad suficiente para ser electores o elegibles en las elecciones para representantes del personal, los trabajadores podrán elegir por mayoría a un trabajador que ejerza las competencias del Delegado de Prevención, quién tendrá las facultades, garantías y obligaciones de sigilo profesional de tales Delegados. La actuación de éstos cesará en el momento en que se reúnan los requisitos de antigüedad necesarios para poder celebrar la elección de representantes del personal, prorrogándose por el tiempo indispensable para la efectiva celebración de la elección.

D.A. 5.ª Fundación Estatal para la Prevención de Riesgos Laborales, FSP.

1. La Fundación Estatal para la Prevención de Riesgos Laborales, FSP, de acuerdo con lo previsto en el artículo 7.1.a), tendrá como finalidad la promoción de las condiciones de seguridad y salud en el trabajo, especialmente en las pequeñas empresas, a través de la gestión y el fomento de acciones de información, asistencia técnica, formación e impulso del cumplimiento de la normativa de prevención de riesgos.

A la Fundación Estatal para la Prevención de Riesgos Laborales, FSP, le corresponde la gestión de las acciones ordinarias de impulso de la prevención de riesgos laborales de ámbito estatal, cuyo importe será del 33 % del presupuesto total de las mismas, y en las ciudades de Ceuta y Melilla, así como todas las acciones que se deriven de la Estrategia Española de Seguridad y Salud en el Trabajo.

2. La Fundación quedará adscrita al Ministerio de Trabajo y Economía Social. Su Patronato se conformará por una mayoría de representantes de la Administración General del Estado, y se integrará asimismo por las restantes administraciones y organizaciones presentes en la Comisión Nacional de Seguridad y Salud en el Trabajo.

3. En garantía del cumplimiento de los objetivos señalados en el apartado 1, se observarán las siguientes reglas:

a) Las acciones, tanto de la Fundación como de los correspondientes órganos de las comunidades autónomas, se financiarán con cargo al Fondo de Contingencias Profesionales de la Seguridad Social.

Con el fin de garantizar la regularidad en el cumplimiento de los fines de la Fundación y de los correspondientes órganos de las comunidades autónomas, la Secretaría de Estado de la Seguridad Social y Pensiones determinará anualmente la cuantía del Fondo de Contingencias Profesionales de la Seguridad Social que se destinará a la realización de las acciones de impulso de la prevención de riesgos laborales, conforme a los criterios que se establezcan reglamentariamente.

La Tesorería General de la Seguridad Social, en los términos que se determinen reglamentariamente, transferirá con carácter anual al Ministerio de Trabajo y Economía Social, con cargo al Fondo de Contingencias Profesionales de la Seguridad Social, los créditos destinados a la realización de las acciones señaladas en el párrafo anterior, correspondiendo al Ministerio de Trabajo y Economía Social efectuar la procedente dotación a la Fundación Estatal para la Prevención de Riesgos Laborales, FSP, así como las transferencias a los órganos competentes de las comunidades autónomas. En relación con las comunidades autónomas, las transferencias tendrán carácter finalista y los créditos recibidos se regirán por lo previsto en la Ley 47/2003, de 26 de noviembre, General Presupuestaria.

El Ministerio de Trabajo y Economía Social, en aplicación de lo previsto en el párrafo anterior, aprobará las bases reguladoras de todas las subvenciones, para lo cual tendrá en consideración las observaciones y necesidades manifestadas por cada comunidad autónoma.

En relación con las acciones ordinarias de ámbito estatal, las correspondientes a las ciudades de Ceuta y Melilla y las que se deriven de la Estrategia de Seguridad y Salud en el Trabajo, corresponderá al Ministerio de Trabajo y Economía Social, asimismo, la autorización previa de la concesión, las funciones derivadas de la exigencia del reintegro y de la imposición de sanciones, las de control y las demás que comporten el ejercicio de potestades administrativas.

b) La distribución de los créditos presupuestarios para la planificación, desarrollo y financiación de acciones de ámbito territorial autonómico se realizará a través de la Conferencia Sectorial de Empleo y Asuntos Laborales.

Anualmente, el Patronato de la Fundación Estatal para la Prevención de Riesgos Laborales, FSP, propondrá al Ministerio de Trabajo y Economía Social la distribución territorial de estos créditos, para lo cual tendrá en consideración la población ocupada, el tamaño de las empresas, los índices de siniestralidad laboral o cualesquiera otros parámetros de cuantificación objetiva.

c) De acuerdo con el reparto competencial previsto en el texto constitucional y en los estatutos de autonomía, la gestión de las acciones que sean competencia de las comunidades autónomas se realizará a través de los instrumentos, organismos y centros directivos que estas determinen, debiendo garantizarse, en cualquier caso, la participación de los interlocutores sociales más representativos a nivel estatal y de comunidad autónoma en el seguimiento de las acciones, la calidad de estas y el cumplimiento de los objetivos previstos.

d) La Comisión Nacional para la Seguridad y Salud en el Trabajo propondrá orientaciones materiales tanto al Ministerio de Trabajo y Economía Social como a las comunidades autónomas, para la elaboración y aprobación de las correspondientes convocatorias de subvenciones en sus respectivos ámbitos competenciales.

4. La calidad, eficacia y efectividad de las acciones reguladas en la presente disposición se garantizará mediante su desarrollo por las organizaciones a las que se refiere el artículo 12, por las organizaciones empresariales y sindicales representativas en su ámbito sectorial correspondiente, así como por las fundaciones u otras entidades constituidas por estas y aquellas para la consecución de cualquiera de sus fines.

Modificada por Real Decreto-ley 16/2022, de 6 de septiembre, para la mejora de las condiciones de trabajo y de Seguridad Social de las personas trabajadoras al servicio del hogar. (BOE de 08-09-2022).

Anteriormente modificada por Ley 30/2005, de 29 de diciembre, de Presupuestos Generales del Estado para el año 2006. (BOE de 30-12-2005).

Ver Orden TAS/3623/2006, de 28 de noviembre, por la que se regulan las actividades preventivas en el ámbito de la Seguridad Social y la financiación de la Fundación para la Prevención de Riesgos Laborales, Orden TES/774/2023, de 7 de julio, por la que se regulan las transferencias de créditos destinadas a financiar las acciones de la Fundación Estatal para la Prevención de Riesgos Laborales, F.S.P y Real Decreto 272/2024, de 19 de marzo, por el que se aprueban los Estatutos de la Fundación Estatal para la Prevención de Riesgos Laborales, F.S.P.

D.A. 6.ª Constitución de la Comisión Nacional de Seguridad y Salud en el Trabajo.

El Gobierno, en el plazo de tres meses a partir de la vigencia de esta Ley, regulará la composición de la Comisión Nacional de Seguridad y Salud en el Trabajo. La Comisión se constituirá en el plazo de los treinta días siguientes.

D.A. 7.ª Cumplimiento de la normativa de transporte de mercancías peligrosas.

Lo dispuesto en la presente Ley se entiende sin perjuicio del cumplimiento de las obligaciones derivadas de la regulación en materia de transporte de mercancías peligrosas.

D.A. 8.ª Planes de organización de actividades preventivas.

Cada Departamento Ministerial, en el plazo de seis meses desde la entrada en vigor de esta Ley y previa consulta con las organizaciones sindicales más representativas, elevará al Consejo de Ministros una propuesta de acuerdo en la que se establezca un plan de organización de las actividades preventivas en el departamento correspondiente y en los centros, organismos y establecimientos de todo tipo dependientes del mismo.

A la propuesta deberá acompañarse necesariamente una memoria explicativa del coste económico de la organización propuesta, así como el calendario de ejecución del plan, con las previsiones presupuestarias adecuadas a éste.

D.A. 9.ª Establecimientos militares.

1. El Gobierno, en el plazo de seis meses, previa consulta con las organizaciones sindicales más representativas y a propuesta de los Ministros de Defensa y de Trabajo y Seguridad Social, adaptará las normas de los capítulos III y V de esta Ley a las exigencias de la defensa nacional, a las peculiaridades orgánicas y al régimen vigente de representación del personal en los establecimientos militares.

2. Continuarán vigentes las disposiciones sobre organización y competencia de la autoridad laboral e Inspección de Trabajo en el ámbito de la Administración Militar contenidas en el Real Decreto 2205/1980, de 13 de junio, dictado en desarrollo de la disposición final séptima del Estatuto de los Trabajadores.

D.A. 9.ª BIS. Personal militar.

Lo previsto en los capítulos III, V y VII de esta Ley se aplicará de acuerdo con la normativa específica militar.

Añadida por Ley 31/2006, de 18 de octubre, sobre implicación de los trabajadores en las sociedades anónimas y cooperativas europeas. (BOE de 19-10-2006).

D.A. 10.ª Sociedades cooperativas.

El procedimiento para la designación de los Delegados de Prevención regulados en el artículo 35 de esta Ley en las sociedades cooperativas que no cuenten con asalariados deberá estar previsto en sus Estatutos o ser objeto de acuerdo en Asamblea General.

Cuando, además de los socios que prestan su trabajo personal, existan asalariados se computarán ambos colectivos a efectos de lo dispuesto en el número 2 del artículo 35. En este caso, la designación de los Delegados de Prevención se realizará conjuntamente por los socios que prestan trabajo y los trabajadores asalariados o, en su caso, los representantes de éstos.

D.A. 11.ª Modificación del Estatuto de los Trabajadores en materia de permisos retribuidos.

Se añade una letra f) al apartado 3 del artículo 37 del texto refundido de la Ley del Estatuto de los Trabajadores aprobado por el Real Decreto legislativo 1/1995, de 24 de marzo, del siguiente tenor:

> «f) *Por el tiempo indispensable para la realización de exámenes prenatales y técnicas de preparación al parto que deban realizarse dentro de la jornada de trabajo.»*

D.A. 12.ª Participación institucional en las Comunidades Autónomas.

En las Comunidades Autónomas, la participación institucional, en cuanto a su estructura y organización, se llevará a cabo de acuerdo con las competencias que las mismas tengan en materia de seguridad y salud laboral.

D.A. 13.ª Fondo de Prevención y Rehabilitación.

Los recursos del Fondo de Prevención y Rehabilitación procedentes del exceso de excedentes de la gestión realizada por las Mutuas de Accidentes de Trabajo y Enfermedades Profesionales de la Seguridad Social a que se refiere el artículo 73 del texto refundido de la Ley General de la Seguridad Social se destinarán en la cuantía que se determine reglamentariamente, a las actividades que puedan desarrollar como servicios de prevención las Mutuas de Accidentes de Trabajo y Enfermedades Profesionales de la Seguridad Social, de acuerdo con lo previsto en el artículo 32 de esta Ley.

D.A. 14.ª Presencia de recursos preventivos en las obras de construcción.

1. Lo dispuesto en el artículo 32 bis de la Ley de Prevención de Riesgos Laborales será de aplicación en las obras de construcción reguladas por el Real Decreto 1627/1997, de 24 de octubre, por el que se establecen las disposiciones mínimas de seguridad y salud en las obras de construcción, con las siguientes especialidades:

a) La preceptiva presencia de recursos preventivos se aplicará a cada contratista.

b) En el supuesto previsto en el apartado 1, párrafo a), del artículo 32 bis, la presencia de los recursos preventivos de cada contratista será necesaria cuando, durante la obra, se desarrollen trabajos con riesgos especiales, tal y como se definen en el citado real decreto.

c) La preceptiva presencia de recursos preventivos tendrá como objeto vigilar el cumplimiento de las medidas incluidas en el plan de seguridad y salud en el trabajo y comprobar la eficacia de éstas.

2. Lo dispuesto en el apartado anterior se entiende sin perjuicio de las obligaciones del coordinador en materia de seguridad y salud durante la ejecución de la obra.

Añadida por Ley 54/2003, de 12 de diciembre, de reforma del marco normativo de la prevención de riesgos laborales. (BOE de 13-12-2003).

D.A. 15.ª Habilitación de funcionarios públicos.

Para poder ejercer las funciones establecidas en el apartado 2 del artículo 9 de esta ley, los funcionarios públicos de las comunidades autónomas deberán contar con una habilitación específica expedida por su propia comunidad autónoma, en los términos que se determinen reglamentariamente.

En todo caso, tales funcionarios deberán pertenecer a los grupos de titulación A o B y acreditar formación específica en materia de prevención de riesgos laborales.

Añadida por Ley 54/2003, de 12 de diciembre, de reforma del marco normativo de la prevención de riesgos laborales. (BOE de 13-12-2003).

D.A. 16.ª Acreditación de la formación.

Las entidades públicas o privadas que pretendan desarrollar actividades formativas en materia de prevención de riesgos laborales de las previstas en la Disposición transitoria tercera del Real Decreto 39/1997, de 17 de enero, por el que se aprueba el Reglamento de los Servicios de Prevención, deberán acreditar su capacidad mediante una declaración responsable ante la autoridad laboral competente sobre el cumplimiento de los requisitos que se determinen reglamentariamente.

Añadida por Ley 25/2009, de 22 de diciembre, de modificación de diversas leyes para su adaptación a la Ley sobre el libre acceso a las actividades de servicios y su ejercicio. (BOE de 23-12-2009).

D.A. 17.ª Asesoramiento técnico a las empresas de hasta veinticinco trabajadores.

En cumplimiento del apartado 5 del artículo 5 y de los artículos 7 y 8 de esta Ley, el Ministerio de Empleo y Seguridad Social y el Instituto Nacional de Seguridad e Higiene en el Trabajo, en colaboración con las Comunidades Autónomas y los agentes sociales, prestarán un asesoramiento técnico específico en materia de seguridad y salud en el trabajo a las empresas de hasta veinticinco trabajadores.

Esta actuación consistirá en el diseño y puesta en marcha de un sistema dirigido a facilitar al empresario el asesoramiento necesario para la organización de sus actividades preventivas, impulsando el cumplimiento efectivo de las obligaciones preventivas de forma simplificada.

Añadida por Ley 14/2013, de 27 de septiembre, de apoyo a los emprendedores y su internacionalización. (BOE de 28-09-2013).

D.A. 18.ª Protección de la seguridad y la salud en el trabajo de las personas trabajadoras en el ámbito de la relación laboral de carácter especial del servicio del hogar familiar.

En el ámbito de la relación laboral de carácter especial del servicio del hogar familiar, las personas trabajadoras tienen derecho a una protección eficaz en materia de seguridad y salud en el trabajo, especialmente en el ámbito de la prevención de la violencia contra las mujeres, teniendo en cuenta las características específicas del trabajo doméstico, en los términos y con las garantías que se prevean reglamentariamente a fin de asegurar su salud y seguridad.

Añadida por Real Decreto-ley 16/2022, de 6 de septiembre, para la mejora de las condiciones de trabajo y de Seguridad Social de las personas trabajadoras al servicio del hogar. (BOE de 08-09-2022).

Ver Real Decreto 893/2024, de 10 de septiembre, por el que se regula la protección de la seguridad y la salud en el ámbito del servicio del hogar familiar.

DISPOSICIONES TRANSITORIAS

D.T. 1.ª Aplicación de disposiciones más favorables.

1. Lo dispuesto en los artículos 36 y 37 de esta Ley en materia de competencias, facultades y garantías de los Delegados de Prevención se entenderá sin perjuicio del respeto a las disposiciones más favorables para el ejercicio de los derechos de información, consulta y participación de los trabajadores en la prevención de riesgos laborales previstas en los convenios colectivos vigentes en la fecha de su entrada en vigor.

2. Los órganos específicos de representación de los trabajadores en materia de prevención de riesgos laborales que, en su caso, hubieran sido previstos en los convenios colectivos a que se refiere el apartado anterior y que estén dotados de un régimen de competencias, facultades y garantías que respete el contenido mínimo establecido en los artículos 36 y 37 de esta Ley, podrán continuar en el ejercicio de sus funciones, en sustitución de los Delegados de Prevención, salvo que por el órgano de representación legal de los trabajadores se decida la designación de estos Delegados conforme al procedimiento del artículo 35.

3. Lo dispuesto en los apartados anteriores será también de aplicación a los acuerdos concluidos en el ámbito de la función pública al amparo de lo dispuesto en la Ley 7/1990, de 19 de julio, sobre negociación colectiva y participación en la determinación de las condiciones de trabajo de los empleados públicos.

D.T. 2.ª

En tanto se aprueba el Reglamento regulador de los Servicios de Prevención de Riesgos Laborales, se entenderá que las Mutuas de Accidentes de Trabajo y Enfermedades Profesionales de la Seguridad Social cumplen el requisito previsto en el artículo 31.5 de la presente Ley.

DISPOSICIONES DEROGATORIAS

D.DT. UNICA. Alcance de la derogación.

Quedan derogadas cuantas disposiciones se opongan a la presente Ley y específicamente:

a) Los artículos 9, 10, 11, 36, apartado 2, 39 y 40, párrafo segundo, de la Ley 8/1988, de 7 de abril, sobre infracciones y sanciones en el orden social.

b) El Decreto de 26 de julio de 1957, por el que se fijan los trabajos prohibidos a mujeres y menores, en los aspectos de su normativa relativos al trabajo de las mujeres, manteniéndose en vigor las relativas al trabajo de los menores hasta que el Gobierno desarrolle las previsiones contenidas en el apartado 2 del artículo 27.

c) El Decreto de 11 de marzo de 1971, sobre constitución, composición y funciones de los Comités de Seguridad e Higiene en el Trabajo.

d) Los Títulos I y III de la Ordenanza General de Seguridad e Higiene en el Trabajo, aprobados por Orden de 9 de marzo de 1971.

En lo que no se oponga a lo previsto en esta Ley, y hasta que se dicten los Reglamentos a los que se hace referencia en el artículo 6, continuará siendo de aplicación la regulación de las materias comprendidas en dicho artículo que se contienen en el Título II de la Ordenanza General de Seguridad e Higiene en el Trabajo o en otras normas que contengan previsiones específicas sobre tales materias, así como la Orden del Ministerio de Trabajo de 16 de diciembre de 1987, que establece los modelos para la notificación de los accidentes de trabajo. Igualmente, continuarán vigentes las disposiciones reguladoras de los servicios médicos de empresa hasta tanto se desarrollen reglamentariamente las previsiones de esta Ley sobre servicios de prevención. El personal perteneciente a dichos servicios en la fecha de entrada en vigor de esta Ley se integrará en los servicios de prevención de las correspondientes empresas, cuando éstos se constituyan, sin perjuicio de que continúen efectuando aquellas funciones que tuvieren atribuidas distintas de las propias del servicio de prevención.

La presente Ley no afecta a la vigencia de las disposiciones especiales sobre prevención de riesgos profesionales en las explotaciones mineras, contenidas en el capítulo IV del Real Decreto 3255/1983, de 21 de diciembre, por el que se aprueba el Estatuto del Minero, y en sus normas de desarrollo, así como las del Real Decreto 2857/1978, de 25 de agosto, por el que se aprueba el Reglamento General para el Régimen de la Minería, y el Real Decreto 863/1985, de 2 de abril, por el que se aprueba el Reglamento General de Normas Básicas de Seguridad Minera, y sus disposiciones complementarias.

Ver D.A. 2.ª RSP.

DISPOSICIONES FINALES

D.F. 1.ª Actualización de sanciones.

La cuantía de las sanciones a que se refiere el apartado 4 del artículo 49 podrá ser actualizada por el Gobierno a propuesta del Ministro de Trabajo y Seguridad Social, adaptando a la misma la atribución de competencias prevista en el apartado 1 del artículo 52, de esta Ley.

D.F. 2.ª Entrada en vigor.

La presente Ley entrará en vigor tres meses después de su publicación en el «Boletín Oficial del Estado».

Por tanto,

Mando a todos los españoles, particulares y autoridades que guarden y hagan guardar esta Ley.

Madrid,8 de noviembre de 1995.
JUAN CARLOS R.

El Presidente del Gobierno,
FELIPE GONZÁLEZ MÁRQUEZ

REAL DECRETO 39/1997, DE 17 DE ENERO, POR EL QUE SE APRUEBA EL REGLAMENTO DE LOS SERVICIOS DE PREVENCIÓN

II. REAL DECRETO 39/1997, DE 17 DE ENERO, POR EL QUE SE APRUEBA EL REGLAMENTO DE LOS SERVICIOS DE PREVENCIÓN

—BOE núm. 27, de 31 de enero de 1997—

La Ley 31/1995, de 8 de noviembre, ha venido a dar un nuevo enfoque, ya anunciado en su preámbulo, a la prevención de los riesgos laborales, que en la nueva concepción legal no se limita a un conjunto de deberes de obligado cumplimiento empresarial o a la subsanación de situaciones de riesgo ya manifestadas, sino que se integra en el conjunto de actividades y decisiones de la empresa, de las que forma parte desde el comienzo mismo del proyecto empresarial.

La nueva óptica de la prevención se articula así en torno a la planificación de la misma a partir de la evaluación inicial de los riesgos inherentes al trabajo, y la consiguiente adopción de las medidas adecuadas a la naturaleza de los riesgos detectados.

La necesidad de que tales fases o aspectos reciban un tratamiento específico por la vía normativa adecuada aparece prevista en el artículo 6 de la Ley de Prevención de Riesgos Laborales, a tenor de cuyo apartado 1, párrafos d) y e), el Gobierno procederá a la regulación, a través de la correspondiente norma reglamentaria, de los procedimientos de evaluación de los riesgos para la salud de los trabajadores y de las modalidades de organización, funcionamiento y control de los servicios de prevención, así como de las capacidades y aptitudes que han de reunir dichos servicios y los trabajadores designados para desarrollar la actividad preventiva, exigencia esta última ya contenida en la Directiva 89/391/CEE.

Al cumplimiento del mandato legal responde el presente Real Decreto, en el que son objeto de tratamiento aquellos aspectos que hacen posible la prevención de los riesgos laborales, desde su nueva perspectiva, como actividad integrada en el conjunto de actuaciones de la empresa y en todos los niveles jerárquicos de la misma, a partir de una planificación que incluya la técnica, la organización y las condiciones de trabajo, presidido todo ello por los mismos principios de eficacia, coordinación y participación que informan la Ley.

Se aborda, por ello, en primer término la evaluación de los riesgos, como punto de partida que puede conducir a la planificación de la actividad preventiva que sea necesaria, a través de alguna de las modalidades de organización que, siguiendo al artículo 31 de la Ley, se regulan en la presente disposición, en función del tamaño de la empresa y de los riesgos o de la peligrosidad de las actividades desarrolladas en la misma.

La idoneidad de la actividad preventiva que, como resultado de la evaluación, haya de adoptar el empresario, queda garantizada a través del doble mecanismo que en la presente disposición se regula: de una parte, la acreditación por la autoridad laboral de los servicios de prevención externos, como forma de garantizar la adecuación de sus medios a las actividades que vayan a desarrollar y, de otra, la auditoría o evaluación externa del sistema de prevención, cuando esta actividad es asumida por el empresario con sus propios medios.

En relación con las capacidades o aptitudes necesarias para el desarrollo de la actividad preventiva, la presente disposición parte de la necesaria adecuación entre la formación requerida y las funciones a desarrollar, estableciendo la formación mínima necesaria para el desempeño de las funciones propias de la actividad preventiva, que se agrupan en tres niveles: básico, intermedio y superior, en el último de los cuales se incluyen las especialidades y disciplinas preventivas de medicina del trabajo, seguridad en el trabajo, higiene industrial y ergonomía y psicosociología aplicada. La inexistencia actual de titulaciones académicas o profesionales correspondientes a los niveles formativos mencionados, salvo en lo relativo a la especialidad de medicina del trabajo, aparece prevista en el presente Real Decreto, que contempla la posibilidad transitoria de acreditación alternativa de la formación exigida, hasta tanto se determinen las titulaciones correspondientes por las autoridades competentes en materia educativa.

En su virtud, a propuesta del Ministro de Trabajo y Asuntos Sociales, oída la Comisión Nacional de Seguridad y Salud en el Trabajo, consultadas las organizaciones sindicales y asociaciones empresariales más representativas, previa aprobación del Ministro de Administraciones Públicas, de acuerdo con el Consejo de Estado y previa deliberación del Consejo de Ministros en su reunión del día 17 de enero de 1997.
DISPONGO:

CAPÍTULO I
Disposiciones generales

Ver Orden TIN/2504/2010, de 20 de septiembre, por la que se desarrolla el Real Decreto 39/1997, de 17 de enero, por el que se aprueba el Reglamento de los Servicios de Prevención, en lo referido a la acreditación de entidades especializadas como servicios de prevención, memoria de actividades preventivas y autorización para realizar la actividad de auditoría del sistema de prevención de las empresas.

ART. 1. Integración de la actividad preventiva en la empresa.

1. La prevención de riesgos laborales, como actuación a desarrollar en el seno de la empresa, deberá integrarse en su sistema general de gestión, comprendiendo tanto al conjunto de las actividades como a todos sus niveles jerárquicos, a través de la implantación y aplicación de un plan de prevención de riesgos laborales cuya estructura y contenido se determinan en el artículo siguiente.

La integración de la prevención en el conjunto de las actividades de la empresa implica que debe proyectarse en los procesos técnicos, en la organización del trabajo y en las condiciones en que éste se preste.

Su integración en todos los niveles jerárquicos de la empresa implica la atribución a todos ellos, y la asunción por éstos, de la obligación de incluir la prevención de riesgos en cualquier actividad que realicen u ordenen y en todas las decisiones que adopten.

2. Los trabajadores y sus representantes deberán contribuir a la integración de la prevención de riesgos laborales en la empresa y colaborar en la adopción y el cumplimiento de las medidas preventivas a través de la participación que se reconoce a los mismos en el capítulo V de la Ley 31/1995, de 8 de noviembre, de Prevención de Riesgos Laborales.

La participación a que se refiere el párrafo anterior incluye la consulta acerca de la implantación y aplicación del Plan de prevención de riesgos laborales de la empresa, la evaluación de los riesgos y la consiguiente planificación y organización preventiva en su caso, así como el acceso a la documentación correspondiente, en los términos señalados en los artículos 33 y 36 de la Ley 31/1995, de 8 de noviembre, de Prevención de Riesgos Laborales.

3. La actividad preventiva de la empresa se desarrollará a través de alguna de las modalidades previstas en el capítulo III de este real decreto.

Modificado por Real Decreto 604/2006, de 19 de mayo, por el que se modifican el Real Decreto 39/1997, de 17 de enero, por el que se aprueba el Reglamento de los Servicios de Prevención, y el Real Decreto 1627/1997, de 24 de octubre, por el que se establecen las disposiciones mínimas de seguridad y salud en las obras de construcción. (BOE de 29-05-2006).

Ver arts. 18.2 y 34 LPRL.

ART. 2. Plan de prevención de riesgos laborales.

1. El Plan de prevención de riesgos laborales es la herramienta a través de la cual se integra la actividad preventiva de la empresa en su sistema general de gestión y se establece su política de prevención de riesgos laborales.

El Plan de prevención de riesgos laborales debe ser aprobado por la dirección de la empresa, asumido por toda su estructura organizativa, en particular por todos sus niveles jerárquicos, y conocido por todos sus trabajadores.

2. El Plan de prevención de riesgos laborales habrá de reflejarse en un documento que se conservará a disposición de la autoridad laboral, de las autoridades sanitarias y de los representantes de los trabajadores, e incluirá, con la amplitud adecuada a la dimensión y características de la empresa, los siguientes elementos:

a) La identificación de la empresa, de su actividad productiva, el número y características de los centros de trabajo y el número de trabajadores y sus características con relevancia en la prevención de riesgos laborales.

b) La estructura organizativa de la empresa, identificando las funciones y responsabilidades que asume cada uno de sus niveles jerárquicos y los respectivos cauces de comunicación entre ellos, en relación con la prevención de riesgos laborales.

c) La organización de la producción en cuanto a la identificación de los distintos procesos técnicos y las prácticas y los procedimientos organizativos existentes en la empresa, en relación con la prevención de riesgos laborales.

d) La organización de la prevención en la empresa, indicando la modalidad preventiva elegida y los órganos de representación existentes.

e) La política, los objetivos y metas que en materia preventiva pretende alcanzar la empresa, así como los recursos humanos, técnicos, materiales y económicos de los que va a disponer al efecto.

3. Los instrumentos esenciales para la gestión y aplicación del Plan de prevención de riesgos laborales son la evaluación de riesgos y la planificación de la actividad preventiva, que el empresario deberá realizar en la forma que se determina en el artículo 16 de la Ley 31/1995, de 8 de noviembre, de Prevención de Riesgos Laborales, y en los artículos siguientes de la presente disposición.

4. Las empresas de hasta 50 trabajadores que no desarrollen actividades del anexo I podrán reflejar en un único documento el plan de prevención de riesgos laborales, la evaluación de riesgos y la planificación de la actividad preventiva.

Este documento será de extensión reducida y fácil comprensión, deberá estar plenamente adaptado a la actividad y tamaño de la empresa y establecerá las medidas operativas pertinentes para realizar la integración de la prevención en la actividad de la empresa, los puestos de trabajo con riesgo y las medidas concretas para evitarlos o reducirlos, jerarquizadas en función del nivel de riesgos, así como el plazo para su ejecución.

Apdo. 4 añadido por Real Decreto 337/2010, de 19 de marzo, por el que se modifican el Real Decreto 39/1997, de 17 de enero, por el que se aprueba el Reglamento de los Servicios de Prevención; el Real Decreto 1109/2007, de 24 de agosto, por el que se desarrolla la Ley 32/2006, de 18 de octubre, reguladora de la subcontratación en el sector de la construcción y el Real Decreto 1627/1997, de 24 de octubre, por el que se establecen disposiciones mínimas de seguridad y salud en obras de construcción. (BOE de 23-03-2010).

Ver arts. 14 a 16 LPRL.

CAPÍTULO II
Evaluación de los riesgos y planificación de la actividad preventiva

Ver Orden TIN/2504/2010, de 20 de septiembre, por la que se desarrolla el Real Decreto 39/1997, de 17 de enero, por el que se aprueba el Reglamento de los Servicios de Prevención, en lo referido a la acreditación de entidades especializadas como servicios de prevención, memoria de actividades preventivas y autorización para realizar la actividad de auditoría del sistema de prevención de las empresas.

Sección 1.ª Evaluación de los riesgos

Ver arts. 14.2, 15 y 16.2 LPRL.

ART. 3. Definición.

1. La evaluación de los riesgos laborales es el proceso dirigido a estimar la magnitud de aquellos riesgos que no hayan podido evitarse, obteniendo la información necesaria para que el empresario esté en condiciones de tomar una decisión apropiada sobre la necesidad de adoptar medidas preventivas y, en tal caso, sobre el tipo de medidas que deben adoptarse.

Cuando de la evaluación realizada resulte necesaria la adopción de medidas preventivas, deberán ponerse claramente de manifiesto las situaciones en que sea necesario:

a) Eliminar o reducir el riesgo, mediante medidas de prevención en el origen, organizativas, de protección colectiva, de protección individual, o de formación e información a los trabajadores.

b) Controlar periódicamente las condiciones, la organización y los métodos de trabajo y el estado de salud de los trabajadores.

2. De acuerdo con lo previsto en el artículo 33 de la Ley de Prevención de Riesgos Laborales, el empresario deberá consultar a los representantes de los trabajadores, o a los propios trabajadores en ausencia de representantes, acerca del procedimiento de evaluación a utilizar en la empresa o centro de trabajo.

Apdo. 1: Ver arts. 6.1 y 7 RSP.

ART. 4. Contenido general de la evaluación.

1. La evaluación inicial de los riesgos que no hayan podido evitarse deberá extenderse a cada uno de los puestos de trabajo de la empresa en que concurran dichos riesgos.

Para ello, se tendrán en cuenta:

a) Las condiciones de trabajo existentes o previstas, tal como quedan definidas en el apartado 7 del artículo 4 de la Ley de Prevención de Riesgos Laborales.

b) La posibilidad de que el trabajador que lo ocupe o vaya a ocuparlo sea especialmente sensible, por sus características personales o estado biológico conocido, a alguna de dichas condiciones.

En particular, a efectos de lo dispuesto sobre la evaluación de riesgos en el artículo 26.1 de la Ley 31/1995, de 8 de noviembre, de Prevención de Riesgos Laborales, el anexo VII de este real decreto incluye una lista no exhaustiva de agentes, procedimientos y condiciones de trabajo que pueden influir negativamente en la salud de las trabajadoras embarazadas o en período de lactancia natural, del feto o del niño durante el período de lactancia natural, en cualquier actividad susceptible de presentar un riesgo específico de exposición.

En todo caso la trabajadora embarazada no podrá realizar actividades que supongan riesgo de exposición a los agentes o condiciones de trabajo incluidos en la lista no exhaustiva de la parte A del anexo VIII, cuando, de acuerdo con las conclusiones obtenidas de la evaluación de riesgos, ello pueda poner en peligro su seguridad o su salud o la del feto. Igualmente la trabajadora en período de lactancia no podrá realizar actividades que supongan el riesgo de una exposición a los agentes o condiciones de trabajo enumerados en la lista no exhaustiva del anexo VIII, parte B, cuando de la evaluación se desprenda que ello pueda poner en peligro su seguridad o su salud o la del niño durante el período de lactancia natural. En los casos previstos en este párrafo, se adoptarán las medidas previstas en el artículo 26 de la Ley 31/1995, de 8 de noviembre, de Prevención de Riesgos Laborales, con el fin de evitar la exposición a los riesgos indicados.

2. A partir de dicha evaluación inicial, deberán volver a evaluarse los puestos de trabajo que puedan verse afectados por:

a) La elección de equipos de trabajo, sustancias o preparados químicos, la introducción de nuevas tecnologías o la modificación en el acondicionamiento de los lugares de trabajo.

b) El cambio en las condiciones de trabajo.

c) La incorporación de un trabajador cuyas características personales o estado biológico conocido lo hagan especialmente sensible a las condiciones del puesto.

3. La evaluación de los riesgos se realizará mediante la intervención de personal competente, de acuerdo con lo dispuesto en el capítulo VI de esta norma.

Apdo. 1.b) modificado por Real Decreto 298/2009, de 6 de marzo, por el que se modifica el Real Decreto 39/1997, de 17 de enero, por el que se aprueba el Reglamento de los Servicios de Prevención, en relación con la aplicación de medidas para promover la mejora de la seguridad y de la salud en el trabajo de la trabajadora embarazada, que haya dado a luz o en periodo de lactancia. (BOE de 07-03-2009).

ART. 5. Procedimiento.

1. A partir de la información obtenida sobre la organización, características y complejidad del trabajo, sobre las materias primas y los equipos de trabajo existentes en la empresa y sobre el estado de salud de los trabajadores, se procederá a la determinación de los elementos peligrosos y a la identificación de los trabajadores expuestos a los mismos, valorando a continuación el riesgo existente en función de criterios objetivos de valoración, según los conocimientos técnicos existentes, o consensuados con los trabajadores, de manera que se pueda llegar a una conclusión sobre la necesidad de evitar o de controlar y reducir el riesgo.

A los efectos previstos en el párrafo anterior se tendrá en cuenta la información recibida de los trabajadores sobre los aspectos señalados.

2. El procedimiento de evaluación utilizado deberá proporcionar confianza sobre su resultado. En caso de duda deberán adoptarse las medidas preventivas más favorables, desde el punto de vista de la prevención.

La evaluación incluirá la realización de las mediciones, análisis o ensayos que se consideren necesarios, salvo que se trate de operaciones, actividades o procesos en los que la directa apreciación profesional acreditada permita llegar a una conclusión sin necesidad de recurrir a aquéllos, siempre que se cumpla lo dispuesto en el párrafo anterior.

En cualquier caso, si existiera normativa específica de aplicación, el procedimiento de evaluación deberá ajustarse a las condiciones concretas establecidas en la misma.

3. Cuando la evaluación exija la realización de mediciones, análisis o ensayos y la normativa no indique o concrete los métodos que deben emplearse, o cuando los criterios de evaluación contemplados en dicha normativa deban ser interpretados o precisados a la luz de otros criterios de carácter técnico, se podrán utilizar, si existen, los métodos o criterios recogidos en:

a) Normas UNE.

b) Guías del Instituto Nacional de Seguridad e Higiene en el Trabajo, del Instituto Nacional de Silicosis y protocolos y guías del Ministerio de Sanidad y Consumo, así como de Instituciones competentes de las Comunidades Autónomas.

c) Normas internacionales.

d) En ausencia de los anteriores, guías de otras entidades de reconocido prestigio en la materia u otros métodos o criterios profesionales descritos documentalmente que cumplan lo establecido en el primer párrafo del apartado 2 de este artículo y proporcionen un nivel de confianza equivalente.

Apdo. 3: Ver art. 7 y D.F. 1.ª RSP.

ART. 6. Revisión.

1. La evaluación inicial a que se refiere el artículo 4 deberá revisarse cuando así lo establezca una disposición específica.

En todo caso, se deberá revisar la evaluación correspondiente a aquellos puestos de trabajo afectados cuando se hayan detectado daños a la salud de los trabajadores o se haya apreciado a través de los controles periódicos, incluidos los relativos a la vigilancia de la salud, que las actividades de prevención pueden ser inadecuadas o insuficientes. Para ello se tendrán en cuenta los resultados de:

a) La investigación sobre las causas de los daños para la salud que se hayan producido.

b) Las actividades para la reducción de los riesgos a que se hace referencia en el apartado 1.a) del artículo 3.

c) Las actividades para el control de los riesgos a que se hace referencia en el apartado 1.b) del artículo 3.

d) El análisis de la situación epidemiológica según los datos aportados por el sistema de información sanitaria u otras fuentes disponibles.

2. Sin perjuicio de lo señalado en el apartado anterior, deberá revisarse igualmente la evaluación inicial con la periodicidad que se acuerde entre la empresa y los representantes de los trabajadores, teniendo en cuenta, en particular, el deterioro por el transcurso del tiempo de los elementos que integran el proceso productivo.

ART. 7. Documentación.

En la documentación a que hacen referencia los párrafos b) y c) del artículo 23.1 de la Ley 31/1995, de 8 de noviembre, de Prevención de Riesgos Laborales, deberán reflejarse, para cada puesto de trabajo cuya evaluación ponga de manifiesto la necesidad de tomar alguna medida preventiva, los siguientes datos:

a) La identificación del puesto de trabajo.

b) El riesgo o riesgos existentes y la relación de trabajadores afectados.

c) El resultado de la evaluación y las medidas preventivas procedentes, teniendo en cuenta lo establecido en el artículo 3.

d) La referencia de los criterios y procedimientos de evaluación y de los métodos de medición, análisis o ensayo utilizados, en los casos en que sea de aplicación lo dispuesto en el apartado 3 del artículo 5.

Párrafo primero modificado por Real Decreto 604/2006, de 19 de mayo, por el que se modifican el Real Decreto 39/1997, de 17 de enero, por el que se aprueba el Reglamento de los Servicios de Prevención, y el Real Decreto 1627/1997, de 24 de octubre, por el que se establecen las disposiciones mínimas de seguridad y salud en las obras de construcción. (BOE de 29-05-2006).

Ver art. 29.4 RSP; 23 LPRL.

Sección 2.ª Planificación de la actividad preventiva

Ver arts. 16 y 22 bis.2 RSP.

ART. 8. Necesidad de la planificación.

Cuando el resultado de la evaluación pusiera de manifiesto situaciones de riesgo, el empresario planificará la actividad preventiva que proceda con objeto de eliminar o controlar y reducir dichos riesgos, conforme a un orden de prioridades en función de su magnitud y número de trabajadores expuestos a los mismos.

En la planificación de esta actividad preventiva se tendrá en cuenta la existencia, en su caso, de disposiciones legales relativas a riesgos específicos, así como los principios de acción preventiva señalados en el artículo 15 de la Ley de Prevención de Riesgos Laborales.

ART. 9. Contenido.

1. La planificación de la actividad preventiva incluirá, en todo caso, los medios humanos y materiales necesarios, así como la asignación de los recursos económicos precisos para la consecución de los objetivos propuestos.

2. Igualmente habrán de ser objeto de integración en la planificación de la actividad preventiva las medidas de emergencia y la vigilancia de la salud previstas en los artículos 20 y 22 de la Ley de Prevención de Riesgos Laborales, así como la información y la formación de los trabajadores en materia preventiva y la coordinación de todos estos aspectos.

3. La actividad preventiva deberá planificarse para un período determinado, estableciendo las fases y prioridades de su desarrollo en función de la magnitud de los riesgos y del número de trabajadores expuestos a los mismos, así como su seguimiento y control periódico. En el caso de que el período en que se desarrolle la actividad preventiva sea superior a un año, deberá establecerse un programa anual de actividades.

CAPÍTULO III
Organización de recursos para las actividades preventivas

Ver art. 1.3 RSP.

Ver Orden TIN/2504/2010, de 20 de septiembre, por la que se desarrolla el Real Decreto 39/1997, de 17 de enero, por el que se aprueba el Reglamento de los Servicios de Prevención, en lo referido a la acreditación de entidades especializadas como servicios de prevención, memoria de actividades preventivas y autorización para realizar la actividad de auditoría del sistema de prevención de las empresas.

ART. 10. Modalidades.

1. La organización de los recursos necesarios para el desarrollo de las actividades preventivas se realizará por el empresario con arreglo a alguna de las modalidades siguientes:
   a) Asumiendo personalmente tal actividad.
   b) Designando a uno o varios trabajadores para llevarla a cabo.
   c) Constituyendo un servicio de prevención propio.
   d) Recurriendo a un servicio de prevención ajeno.

2. En los términos previstos en el capítulo IV de la Ley 31/1995, de 8 de noviembre, de Prevención de Riesgos Laborales, se entenderá por servicio de prevención propio el conjunto de medios humanos y materiales de la empresa necesarios para la realización de las actividades de prevención, y por servicio de prevención ajeno el prestado por una entidad especializada que concierte con la empresa la realización de actividades de prevención, el asesoramiento y apoyo que precise en función de los tipos de riesgos o ambas actuaciones conjuntamente.

3. Los servicios de prevención tendrán carácter interdisciplinario, entendiendo como tal la conjunción coordinada de dos o más disciplinas técnicas o científicas en materia de prevención de riesgos laborales.

ART. 11. Asunción personal por el empresario de la actividad preventiva.

1. El empresario podrá desarrollar personalmente la actividad de prevención, con excepción de las actividades relativas a la vigilancia de la salud de los trabajadores, cuando concurran las siguientes circunstancias:

a) Que se trate de empresa de hasta diez trabajadores; o que, tratándose de empresa que ocupe hasta veinticinco trabajadores, disponga de un único centro de trabajo.

b) Que las actividades desarrolladas en la empresa no estén incluidas en el anexo I.

c) Que desarrolle de forma habitual su actividad profesional en el centro de trabajo.

d) Que tenga la capacidad correspondiente a las funciones preventivas que va a desarrollar, de acuerdo con lo establecido en el capítulo VI.

2. La vigilancia de la salud de los trabajadores, así como aquellas otras actividades preventivas no asumidas personalmente por el empresario, deberán cubrirse mediante el recurso a alguna de las restantes modalidades de organización preventiva previstas en este capítulo.

> *Apdo. 1.a) modificado por Real Decreto 899/2015, de 9 de octubre, por el que se modifica el Real Decreto 39/1997, de 17 de enero, por el que se aprueba el Reglamento de los Servicios de Prevención. (BOE de 10-10-2015).*
>
> *Ver arts. 12.2 y 16.1 RSP.*

ART. 12. Designación de trabajadores.

1. El empresario designará a uno o varios trabajadores para ocuparse de la actividad preventiva en la empresa.

Las actividades preventivas para cuya realización no resulte suficiente la designación de uno o varios trabajadores deberán ser desarrolladas a través de uno o más servicios de prevención propios o ajenos.

2. No obstante lo dispuesto en el apartado anterior, no será obligatoria la designación de trabajadores cuando el empresario:

a) Haya asumido personalmente la actividad preventiva de acuerdo con lo señalado en el artículo 11.

b) Haya recurrido a un servicio de prevención propio.

c) Haya recurrido a un servicio de prevención ajeno.

ART. 13. Capacidad y medios de los trabajadores designados.

1. Para el desarrollo de la actividad preventiva, los trabajadores designados deberán tener la capacidad correspondiente a las funciones a desempeñar, de acuerdo con lo establecido en el capítulo VI.

2. El número de trabajadores designados, así como los medios que el empresario ponga a su disposición y el tiempo de que dispongan para el desempeño de su actividad, deberán ser los necesarios para desarrollar adecuadamente sus funciones.

ART. 14. Servicio de prevención propio.

El empresario deberá constituir un servicio de prevención propio cuando concurra alguno de los siguientes supuestos:

a) Que se trate de empresas que cuenten con más de 500 trabajadores.

b) Que, tratándose de empresas de entre 250 y 500 trabajadores, desarrollen alguna de las actividades incluidas en el anexo I.

c) Que, tratándose de empresas no incluidas en los apartados anteriores, así lo decida la autoridad laboral, previo informe de la Inspección de Trabajo y Seguridad Social y, en su caso, de los órganos técnicos en materia preventiva de las Comunidades Autónomas, en función de la peligrosidad de la actividad desarrollada o de la frecuencia o gravedad de la siniestralidad en la empresa, salvo que se opte por el concierto con una entidad especializada ajena a la empresa de conformidad con lo dispuesto en el artículo 16 de esta disposición.

Teniendo en cuenta las circunstancias existentes, la resolución de la autoridad laboral fijará un plazo, no superior a un año, para que, en el caso de que se optase por un servicio de prevención propio, la empresa lo constituya en dicho plazo. Hasta la fecha señalada en la resolución, las actividades preventivas en la empresa deberán ser concertadas con una entidad especializada ajena a la empresa, salvo de aquellas que vayan siendo asumidas progresivamente por la empresa mediante la designación de trabajadores, hasta su plena integración en el servicio de prevención que se constituya.

> *Párrafo c) : Ver art. 16 RSP.*

ART. 15. Organización y medios de los servicios de prevención propios.

1. El servicio de prevención propio constituirá una unidad organizativa específica y sus integrantes dedicarán de forma exclusiva su actividad en la empresa a la finalidad del mismo.

2. Los servicios de prevención propios deberán contar con las instalaciones y los medios humanos y materiales necesarios para la realización de las actividades preventivas que vayan a desarrollar en la empresa.

El servicio de prevención habrá de contar, como mínimo, con dos de las especialidades o disciplinas preventivas previstas en el artículo 34 de la presente disposición, desarrolladas por expertos con la capacitación requerida para las funciones a desempeñar, según lo establecido en el capítulo VI. Dichos expertos actuarán de forma coordinada, en particular en relación con las funciones relativas al diseño preventivo de los puestos de trabajo, la identificación y evaluación de los riesgos, los planes de prevención y los planes de formación de los trabajadores. Asimismo habrá de contar con el personal necesario que tenga la capacitación requerida para desarrollar las funciones de los niveles básico e intermedio previstas en el citado capítulo VI.

Sin perjuicio de la necesaria coordinación indicada en el párrafo anterior, la actividad sanitaria, que en su caso exista, contará para el desarrollo de su función dentro del servicio de prevención con la estructura y medios adecuados a su naturaleza específica y la confidencialidad de los datos médicos personales, debiendo cumplir los requisitos establecidos en la normativa sanitaria de aplicación. Dicha actividad sanitaria incluirá las funciones específicas recogidas en el apartado 3 del artículo 37 de la presente disposición, las actividades atribuidas por la Ley General de Sanidad, así como aquellas otras que en materia de prevención de riesgos laborales le correspondan en función de su especialización.

Las actividades de los integrantes del servicio de prevención se coordinarán con arreglo a protocolos u otros medios existentes que establezcan los objetivos, los procedimientos y las competencias en cada caso.

3. Cuando el ámbito de actuación del servicio de prevención se extienda a más de un centro de trabajo, deberá tenerse en cuenta la situación de los diversos centros en relación con la ubicación del servicio, a fin de asegurar la adecuación de los medios de dicho servicio a los riesgos existentes.

4. Las actividades preventivas que no sean asumidas a través del servicio de prevención propio deberán ser concertadas con uno o más servicios de prevención ajenos.

5. La empresa deberá elaborar anualmente y mantener a disposición de las autoridades laborales y sanitarias competentes y del comité de seguridad y salud la memoria y programación anual del servicio de prevención a que se refiere el párrafo d) del apartado 2 del artículo 39 de la Ley de Prevención de Riesgos Laborales.

Apdo. 5 modificado por Real Decreto 337/2010, de 19 de marzo, por el que se modifican el Real Decreto 39/1997, de 17 de enero, por el que se aprueba el Reglamento de los Servicios de Prevención; el Real Decreto 1109/2007, de 24 de agosto, por el que se desarrolla la Ley 32/2006, de 18 de octubre, reguladora de la subcontratación en el sector de la construcción y el Real Decreto 1627/1997, de 24 de octubre, por el que se establecen disposiciones mínimas de seguridad y salud en obras de construcción. (BOE de 23-03-2010).

Apdo. 3: Ver art. 21.1 RSP.

Apdo. 4: Ver art. 16.1 RSP.

ART. 16. Servicios de prevención ajenos.

1. El empresario deberá recurrir a uno o varios servicios de prevención ajenos, que colaborarán entre sí cuando sea necesario, cuando concurra alguna de las siguientes circunstancias:

a) Que la designación de uno o varios trabajadores sea insuficiente para la realización de la actividad de prevención y no concurran las circunstancias que determinan la obligación de constituir un servicio de prevención propio.

b) Que en el supuesto a que se refiere el párrafo c) del artículo 14 no se haya optado por la constitución de un servicio de prevención propio.

c) Que se haya producido una asunción parcial de la actividad preventiva en los términos previstos en el apartado 2 del artículo 11 y en el apartado 4 del artículo 15 de la presente disposición.

2. De conformidad con lo dispuesto en el artículo 33.1 de la Ley 31/1995, de 8 de noviembre, de Prevención de Riesgos Laborales, los representantes de los trabajadores deberán ser consultados por el empresario con carácter previo a la adopción de la decisión de concertar la actividad preventiva con uno o varios servicios de prevención ajenos.

Por otra parte, de conformidad con lo dispuesto en el artículo 39.1.a) de la indicada Ley, los criterios a tener en cuenta para la selección de la entidad con la que se vaya a concertar dicho servicio, así como las características técnicas del concierto, se debatirán, y en su caso se acordarán, en el seno del Comité de Seguridad y Salud de la empresa.

Apdo. 2 modificado por Real Decreto 604/2006, de 19 de mayo, por el que se modifican el Real Decreto 39/1997, de 17 de enero, por el que se aprueba el Reglamento de los Servicios de Prevención, y el Real Decreto 1627/1997, de 24 de octubre, por el que se establecen las disposiciones mínimas de seguridad y salud en las obras de construcción. (BOE de 29-05-2006).

ART. 17. Requisitos de las entidades especializadas para poder actuar como servicios de prevención ajenos.

1. Podrán actuar como servicios de prevención ajenos las entidades especializadas que reúnan los siguientes requisitos:

a) Disponer de la organización, las instalaciones, el personal y los equipos necesarios para el desempeño de su actividad.

b) Constituir una garantía que cubra su eventual responsabilidad.

c) No mantener con las empresas concertadas vinculaciones comerciales, financieras o de cualquier otro tipo, distintas a las propias de su actuación como servicio de prevención, que puedan afectar a su independencia e influir en el resultado de sus actividades, sin perjuicio de lo dispuesto en el artículo 22.

d) Asumir directamente el desarrollo de las funciones señaladas en el artículo 31.3 de la Ley 31/1995, de 8 de noviembre, de Prevención de Riesgos Laborales, que hubieran concertado.

2. Para actuar como servicio de prevención ajeno, las entidades especializadas deberán ser objeto de acreditación por la administración laboral, previa aprobación de la administración sanitaria, en cuanto a los aspectos de carácter sanitario. La acreditación se dirigirá a garantizar el cumplimiento de los requisitos de funcionamiento mencionados en el apartado anterior.

Modificado por Real Decreto 337/2010, de 19 de marzo, por el que se modifican el Real Decreto 39/1997, de 17 de enero, por el que se aprueba el Reglamento de los Servicios de Prevención; el Real Decreto 1109/2007, de 24 de agosto, por el que se desarrolla la Ley 32/2006, de 18 de octubre, reguladora de la subcontratación en el sector de la construcción y el Real Decreto 1627/1997, de 24 de octubre, por el que se establecen disposiciones mínimas de seguridad y salud en obras de construcción. (BOE de 23-03-2010).

ART. 18. Recursos materiales y humanos de las entidades especializadas que actúen como servicios de prevención ajenos.

1. Las entidades especializadas acreditadas como servicios de prevención ajenos deberán contar con las instalaciones y los recursos materiales y humanos que les permitan desarrollar adecuadamente la actividad preventiva que hubieren concertado, teniendo en cuenta el tipo, extensión y frecuencia de los servicios preventivos que han de prestar, el tipo de actividad desarrollada por los trabajadores de las empresas concertadas y la ubicación y tamaño de los centros de trabajo en los que dicha prestación ha de desarrollarse, de acuerdo con lo que se establezca en las disposiciones de desarrollo de este real decreto.

2. En todo caso, dichas entidades deberán:

a) Contar con las especialidades o disciplinas preventivas de medicina del trabajo, seguridad en el trabajo, higiene industrial, y ergonomía y psicosociología aplicada.

b) Disponer como mínimo de un técnico que cuente con la cualificación necesaria para el desempeño de las funciones de nivel superior, de acuerdo con lo establecido en el capítulo VI, por cada una de las especialidades o disciplinas preventivas señaladas en el párrafo anterior, salvo en el caso de la especialidad de medicina del trabajo que exigirá contar, al menos, con un médico especialista en medicina del trabajo o diplomado en Medicina de Empresa y un ATS/DUE de empresa. Asimismo deberán disponer del personal necesario que tenga la capacitación requerida para desarrollar las funciones de los niveles básico e intermedio previstas en el capítulo VI, en función de las características de las empresas cubiertas por el servicio.

Los expertos en las especialidades mencionadas actuarán de forma coordinada, en particular en relación con las funciones relativas al diseño preventivo de los puestos de trabajo, la identificación y evaluación de los riesgos, los planes de prevención y los planes de formación de los trabajadores.

c) Disponer para el desarrollo de las actividades concertadas de las instalaciones e instrumentación necesarias para realizar las pruebas, reconocimientos, mediciones, análisis y evaluaciones habituales en la práctica de las especialidades citadas, así como para el desarrollo de las actividades formativas y divulgativas básicas, en los términos que determinen las disposiciones de desarrollo de este real decreto.

3. Sin perjuicio de la necesaria coordinación indicada en el apartado 2 de este artículo, la actividad sanitaria contará para el desarrollo de su función dentro del servicio de prevención con la estructura y medios adecuados a su naturaleza específica y la confidencialidad de los datos médicos personales.

Modificado por Real Decreto 899/2015, de 9 de octubre, por el que se modifica el Real Decreto 39/1997, de 17 de enero, por el que se aprueba el Reglamento de los Servicios de Prevención. (BOE de 10-10-2015).

Ver art. 19.2 RSP.

Ver Orden TIN/2504/2010, de 20 de septiembre, por la que se desarrolla el Real Decreto 39/1997, de 17 de enero, por el que se aprueba el Reglamento de los Servicios de Prevención, en lo referido a la acreditación de entidades especializadas como servicios de prevención, memoria de actividades preventivas y autorización para realizar la actividad de auditoría del sistema de prevención de las empresas.

ART. 19. Funciones de las entidades especializadas que actúen como servicios de prevención.

1. Las entidades especializadas que actúen como servicios de prevención deberán estar en condiciones de proporcionar a la empresa el asesoramiento y apoyo que precise en relación con las actividades concertadas, correspondiendo la responsabilidad de su ejecución a la propia empresa. Lo anterior se entiende sin perjuicio de la responsabilidad directa que les corresponda a las entidades especializadas en el desarrollo y ejecución de actividades como la evaluación de riesgos, la vigilancia de la salud u otras concertadas.

2. Las entidades asumirán directamente el desarrollo de aquéllas funciones señaladas en el artículo 31.3 de la Ley 31/1995, de 8 de noviembre, que hubieran concertado y contribuirán a la efectividad de la integración de las actividades de prevención en el conjunto de actividades de la empresa y en todos los niveles jerárquicos de la misma, sin perjuicio de que puedan:

a) Subcontratar los servicios de otros profesionales o entidades cuando sea necesario para la realización de actividades que requieran conocimientos especiales o instalaciones de gran complejidad.

b) Disponer mediante arrendamiento o negocio similar de instalaciones y medios materiales que estimen necesarios para prestar el servicio en condiciones y con un tiempo de respuesta adecuado, sin perjuicio de la obligación de contar con carácter permanente con los recursos instrumentales mínimos a que se refiere el artículo 18.

Apdo. 2 modificado por Real Decreto 337/2010, de 19 de marzo, por el que se modifican el Real Decreto 39/1997, de 17 de enero, por el que se aprueba el Reglamento de los Servicios de Prevención; el Real Decreto 1109/2007, de 24 de agosto, por el que se desarrolla la Ley 32/2006, de 18 de octubre, reguladora de la subcontratación en el sector de la construcción y el Real Decreto 1627/1997, de 24 de octubre, por el que se establecen disposiciones mínimas de seguridad y salud en obras de construcción. (BOE de 23-03-2010).

Ver Orden TIN/2504/2010, de 20 de septiembre, por la que se desarrolla el Real Decreto 39/1997, de 17 de enero, por el que se aprueba el Reglamento de los Servicios de Prevención, en lo referido a la acreditación de entidades especializadas como servicios de prevención, memoria de actividades preventivas y autorización para realizar la actividad de auditoría del sistema de prevención de las empresas.

ART. 20. Concierto de la actividad preventiva.

1. Cuando el empresario no cuente con suficientes recursos propios para el desarrollo de la actividad preventiva y deba desarrollarla a través de uno o varios servicios de prevención

ajenos a la empresa, deberá concertar por escrito la prestación. Dicho concierto consignará, como mínimo, los siguientes aspectos:

a) Identificación de la entidad especializada que actúa como servicio de prevención ajeno a la empresa.

b) Identificación de la empresa destinataria de la actividad, así como de los centros de trabajo de la misma a los que dicha actividad se contrae. Cuando se trate de empresas que realicen actividades sometidas a la normativa de seguridad y salud en obras de construcción, incluirá expresamente la extensión de las actividades concertadas al ámbito de las obras en que intervenga la empresa.

c) Especialidad o especialidades preventivas objeto del concierto con indicación para cada una de ellas de las funciones concretas asumidas de las previstas en el artículo 31.3 de la Ley 31/1995, de 8 de noviembre, y de las actuaciones concretas que se realizarán para el desarrollo de las funciones asumidas, en el periodo de vigencia del concierto. Dichas actuaciones serán desarrolladas de acuerdo con la planificación de la actividad preventiva y la programación anual propuestas por el servicio y aprobadas por la empresa.

Salvo que las actividades se realicen con recursos preventivos propios y así se especifique en el concierto, éste deberá consignar:

1.º Si se concierta la especialidad de seguridad en el trabajo, el compromiso del servicio de prevención ajeno de identificar, evaluar y proponer las medidas correctoras que procedan, considerando para ello todos los riesgos de esta naturaleza existentes en la empresa, incluyendo los originados por las condiciones de las máquinas, equipos e instalaciones y la verificación de su mantenimiento adecuado, sin perjuicio de las actuaciones de certificación e inspección establecidas por la normativa de seguridad industrial, así como los derivados de las condiciones generales de los lugares de trabajo, locales y las instalaciones de servicio y protección.

2.º Si se concierta la especialidad de higiene industrial, el compromiso del servicio de prevención ajeno de identificar, evaluar y proponer las medidas correctoras que procedan, considerando para ello todos los riesgos de esta naturaleza existentes en la empresa, y de valorar la necesidad o no de realizar mediciones al respecto, sin perjuicio de la inclusión o no de estas mediciones en las condiciones económicas del concierto.

3.º Si se concierta la especialidad de ergonomía y psicosociología aplicada, el compromiso del servicio de prevención ajeno, de identificar, evaluar y proponer las medidas correctoras que procedan, considerando para ello todos los riesgos de esta naturaleza existentes en la empresa.

4.º El compromiso del servicio de prevención ajeno de revisar la evaluación de riesgos en los casos exigidos por el ordenamiento jurídico, en particular, con ocasión de los daños para la salud de los trabajadores que se hayan producido.

5.º Cuando se trate de empresas que cuenten con centros de trabajo sometidos a la normativa de seguridad y salud en obras de construcción, se especificarán las actuaciones a desarrollar de acuerdo con la normativa aplicable.

d) La obligación del servicio de prevención de realizar, con la periodicidad que requieran los riesgos existentes, la actividad de seguimiento y valoración de la implantación de las actividades preventivas derivadas de la evaluación.

e) La obligación del servicio de prevención de efectuar en la memoria anual de sus actividades en la empresa la valoración de la efectividad de la integración de la prevención de riesgos laborales en el sistema general de gestión de la empresa a través de la implantación y aplicación del plan de prevención de riesgos laborales en relación con las actividades preventivas concertadas.

f) El compromiso del servicio de prevención de dedicar anualmente los recursos humanos y materiales necesarios para la realización de las actividades concertadas.

g) El compromiso de la empresa de comunicar al servicio de prevención ajeno los daños a la salud derivados del trabajo.

h) El compromiso de la empresa de comunicar al servicio de prevención ajeno las actividades o funciones realizadas con otros recursos preventivos y/u otras entidades para facilitar la colaboración y coordinación de todos ellos.

i) La duración del concierto.

j) Las condiciones económicas del concierto, con la expresa relación de las actividades o funciones preventivas no incluidas en aquellas condiciones.

k) La obligación del servicio de prevención ajeno de asesorar al empresario, a los trabajadores y a sus representantes y a los órganos de representación especializados, en los términos establecidos en la normativa aplicable.

l) Las actividades preventivas concretas que sean legalmente exigibles y que no quedan cubiertas por el concierto.

2. Sin perjuicio de lo establecido en el artículo 28.2.b), las entidades especializadas que actúen como servicios de prevención deberán mantener a disposición de las autoridades laborales y sanitarias competentes, una memoria anual en la que incluirán de forma separada las empresas o centros de trabajo a los que se ha prestado servicios durante dicho período, indicando en cada caso la naturaleza de éstos.

Igualmente, deberán facilitar a las empresas para las que actúen como servicios de prevención la memoria y la programación anual a las que se refiere el apartado 2.d) del artículo 39 de la Ley de Prevención de Riesgos Laborales, a fin de que pueda ser conocida por el Comité de Seguridad y Salud en los términos previstos en el artículo citado.

Modificado por Real Decreto 337/2010, de 19 de marzo, por el que se modifican el Real Decreto 39/1997, de 17 de enero, por el que se aprueba el Reglamento de los Servicios de Prevención; el Real Decreto 1109/2007, de 24 de agosto, por el que se desarrolla la Ley 32/2006, de 18 de octubre, reguladora de la subcontratación en el sector de la construcción y el Real Decreto 1627/1997, de 24 de octubre, por el que se establecen disposiciones mínimas de seguridad y salud en obras de construcción. (BOE de 23-03-2010).

ART. 21. Servicios de prevención mancomunados.

1. Podrán constituirse servicios de prevención mancomunados entre aquellas empresas que desarrollen simultáneamente actividades en un mismo centro de trabajo, edificio o centro comercial, siempre que quede garantizada la operatividad y eficacia del servicio en los términos previstos en el apartado 3 del artículo 15 de esta disposición.

Por negociación colectiva o mediante los acuerdos a que se refiere el artículo 83, apartado 3, del Estatuto de los Trabajadores, o, en su defecto, por decisión de las empresas afectadas, podrá acordarse, igualmente, la constitución de servicios de prevención mancomunados entre aquellas empresas pertenecientes a un mismo sector productivo o grupo empresarial o que desarrollen sus actividades en un polígono industrial o área geográfica limitada.

Las empresas que tengan obligación legal de disponer de un servicio de prevención propio no podrán formar parte de servicios de prevención mancomunados constituidos para las empresas de un determinado sector, aunque sí de los constituidos para empresas del mismo grupo.

2. En el acuerdo de constitución del servicio mancomunado, que se deberá adoptar previa consulta a los representantes legales de los trabajadores de cada una de las empresas afectadas en los términos establecidos en el artículo 33 de la Ley 31/1995, de 8 de noviembre, de Prevención de Riesgos Laborales, deberán constar expresamente las condiciones mínimas en que tal servicio de prevención debe desarrollarse.

Por otra parte, de conformidad con lo dispuesto en el artículo 39.1.a) de la indicada ley, las condiciones en que dicho servicio de prevención debe desarrollarse deberán debatirse, y en su caso ser acordadas, en el seno de cada uno de los comités de seguridad y salud de las empresas afectadas.

Asimismo, el acuerdo de constitución del servicio de prevención mancomunado deberá comunicarse con carácter previo a la autoridad laboral del territorio donde radiquen sus instalaciones principales en el supuesto de que dicha constitución no haya sido decidida en el marco de la negociación colectiva.

3. Dichos servicios, tengan o no personalidad jurídica diferenciada, tendrán la consideración de servicios propios de las empresas que los constituyan y habrán de contar con, al menos, tres especialidades o disciplinas preventivas. Para poder constituirse, deberán disponer de los recursos humanos mínimos equivalentes a los exigidos para los servicios de prevención ajenos de acuerdo con lo establecido en el presente Reglamento y en sus disposiciones de desarrollo. En cuanto a los recursos materiales, se tomará como referencia los que se establecen para los servicios de prevención ajenos, con adecuación a la actividad de las empresas. La autoridad laboral podrá formular requerimientos sobre la adecuada dotación de medios humanos y materiales.

4. La actividad preventiva de los servicios mancomunados se limitará a las empresas participantes.

5. El servicio de prevención mancomunado deberá tener a disposición de la autoridad laboral y de la autoridad sanitaria la información relativa a las empresas que lo constituyen y al grado y forma de participación de las mismas.

> *Modificado por Real Decreto 337/2010, de 19 de marzo, por el que se modifican el Real Decreto 39/1997, de 17 de enero, por el que se aprueba el Reglamento de los Servicios de Prevención; el Real Decreto 1109/2007, de 24 de agosto, por el que se desarrolla la Ley 32/2006, de 18 de octubre, reguladora de la subcontratación en el sector de la construcción y el Real Decreto 1627/1997, de 24 de octubre, por el que se establecen disposiciones mínimas de seguridad y salud en obras de construcción. (BOE de 23-03-2010).*

> *Ver Orden TIN/2504/2010, de 20 de septiembre, por la que se desarrolla el Real Decreto 39/1997, de 17 de enero, por el que se aprueba el Reglamento de los Servicios de Prevención, en lo referido a la acreditación de entidades especializadas como servicios de prevención, memoria de actividades preventivas y autorización para realizar la actividad de auditoría del sistema de prevención de las empresas.*

ART. 22. Actuación de las Mutuas de Accidentes de Trabajo y Enfermedades Profesionales de la Seguridad Social como servicios de prevención.

La actuación de las Mutuas de Accidentes de Trabajo y Enfermedades Profesionales de la Seguridad Social como servicios de prevención se desarrollará en las mismas condiciones que las aplicables a los servicios de prevención ajenos, teniendo en cuenta las prescripciones contenidas al respecto en la normativa específica aplicable a dichas entidades.

Tales funciones son distintas e independientes de las correspondientes a la colaboración en la gestión de la Seguridad Social que tienen atribuidas en virtud de lo previsto en el artículo 68 del texto refundido de la Ley General de la Seguridad Social, aprobado por el Real Decreto Legislativo 1/1994, de 20 de junio.

> *Párrafo segundo añadido por Real Decreto 688/2005, de 10 de junio, por el que se regula el régimen de funcionamiento de las mutuas de accidentes de trabajo y enfermedades profesionales de la Seguridad Social como servicio de prevención ajeno. (BOE de 11-06-2005).*

> *Ver art. 17 RSP.*

ART. 22 BIS. Presencia de los recursos preventivos.

1. De conformidad con el artículo 32 bis de la Ley 31/1995, de 8 de noviembre, de Prevención de Riesgos Laborales, la presencia en el centro de trabajo de los recursos preventivos, cualquiera que sea la modalidad de organización de dichos recursos, será necesaria en los siguientes casos:

a) Cuando los riesgos puedan verse agravados o modificados, en el desarrollo del proceso o la actividad, por la concurrencia de operaciones diversas que se desarrollan sucesiva o simultáneamente y que hagan preciso el control de la correcta aplicación de los métodos de trabajo.

b) Cuando se realicen las siguientes actividades o procesos peligrosos o con riesgos especiales:

1.º Trabajos con riesgos especialmente graves de caída desde altura, por las particulares características de la actividad desarrollada, los procedimientos aplicados, o el entorno del puesto de trabajo.

2.º Trabajos con riesgo de sepultamiento o hundimiento.

3.º Actividades en las que se utilicen máquinas que carezcan de declaración CE de conformidad por ser su fecha de comercialización anterior a la exigencia de tal declaración con carácter obligatorio, que sean del mismo tipo que aquellas para las que la normativa sobre comercialización de máquinas requiere la intervención de un organismo notificado en el procedimiento de certificación, cuando la protección del trabajador no esté suficientemente garantizada no obstante haberse adoptado las medidas reglamentarias de aplicación.

4.º Trabajos en espacios confinados. A estos efectos, se entiende por espacio confinado el recinto con aberturas limitadas de entrada y salida y ventilación natural desfavorable, en el que pueden acumularse contaminantes tóxicos o inflamables o puede haber una atmósfera deficiente en oxígeno, y que no está concebido para su ocupación continuada por los trabajadores.

5.º Trabajos con riesgo de ahogamiento por inmersión, salvo lo dispuesto en el apartado 8.a) de este artículo, referido a los trabajos en inmersión con equipo subacuático.

c) Cuando la necesidad de dicha presencia sea requerida por la Inspección de Trabajo y Seguridad Social, si las circunstancias del caso así lo exigieran debido a las condiciones de trabajo detectadas.

2. En el caso al que se refiere el párrafo a) del apartado anterior, la evaluación de riesgos laborales, ya sea la inicial o las sucesivas, identificará aquellos riesgos que puedan verse agravados o modificados por la concurrencia de operaciones sucesivas o simultáneas.

En los casos a que se refiere el párrafo b) del apartado anterior, la evaluación de riesgos laborales identificará los trabajos o tareas integrantes del puesto de trabajo ligados a las actividades o los procesos peligrosos o con riesgos especiales.

En ambos casos, la forma de llevar a cabo la presencia de los recursos preventivos quedará determinada en la planificación de la actividad preventiva a que se refieren los artículos 8 y 9 de este real decreto.

En el caso señalado en el párrafo c) del apartado anterior, sin perjuicio del cumplimiento del requerimiento efectuado por la Inspección de Trabajo y Seguridad Social, el empresario procederá de manera inmediata a la revisión de la evaluación de riesgos laborales cuando ésta no contemple las situaciones de riesgo detectadas, así como a la modificación de la planificación de la actividad preventiva cuando ésta no incluyera la necesidad de la presencia de los recursos preventivos.

3. La presencia se llevará a cabo por cualesquiera de las personas previstas en los apartados 2 y 4 del artículo 32 bis de la Ley 31/1995, de 8 de noviembre, de Prevención de Riesgos Laborales, debiendo el empresario facilitar a sus trabajadores los datos necesarios para permitir la identificación de tales personas.

La ubicación en el centro de trabajo de las personas a las que se asigne la presencia deberá permitirles el cumplimiento de sus funciones propias, debiendo tratarse de un emplazamiento seguro que no suponga un factor adicional de riesgo, ni para tales personas ni para los trabajadores de la empresa, debiendo permanecer en el centro de trabajo durante el tiempo en que se mantenga la situación que determine su presencia.

4. La presencia es una medida preventiva complementaria que tiene como finalidad vigilar el cumplimiento de las actividades preventivas en relación con los riesgos derivados de la situación que determine su necesidad para conseguir un adecuado control de dichos riesgos.

Dicha vigilancia incluirá la comprobación de la eficacia de las actividades preventivas previstas en la planificación, así como de la adecuación de tales actividades a los riesgos que pretenden prevenirse o a la aparición de riesgos no previstos y derivados de la situación que determina la necesidad de la presencia de los recursos preventivos.

5. Cuando, como resultado de la vigilancia, se observe un deficiente cumplimiento de las actividades preventivas, las personas a las que se asigne la presencia:

a) Harán las indicaciones necesarias para el correcto e inmediato cumplimiento de las actividades preventivas.

b) Deberán poner tales circunstancias en conocimiento del empresario para que éste adopte las medidas necesarias para corregir las deficiencias observadas si éstas no hubieran sido aún subsanadas.

6. Cuando, como resultado de la vigilancia, se observe ausencia, insuficiencia o falta de adecuación de las medidas preventivas, las personas a las que se asigne la presencia deberán poner tales circunstancias en conocimiento del empresario, que procederá de manera inmediata a la adopción de las medidas necesarias para corregir las deficiencias y a la modificación de la planificación de la actividad preventiva y, en su caso, de la evaluación de riesgos laborales.

7. La presencia de recursos preventivos en el centro de trabajo podrá también ser utilizada por el empresario en casos distintos de los previstos en el artículo 32 bis de la Ley 31/1995, de 8 de noviembre, de Prevención de Riesgos Laborales, siempre que sea compatible con el cumplimiento de sus funciones.

8. Lo dispuesto en el presente artículo se entiende sin perjuicio de las medidas previstas en disposiciones preventivas específicas referidas a determinadas actividades, procesos, operaciones, trabajos, equipos o productos en los que se aplicarán dichas disposiciones en sus propios términos, como es el caso, entre otros, de las siguientes actividades o trabajos:

a) Trabajos en inmersión con equipo subacuático.

b) Trabajos que impliquen la exposición a radiaciones ionizantes.

c) Trabajos realizados en cajones de aire comprimido.

d) Trabajos con riesgo de explosión por la presencia de atmósferas explosivas.

e) Actividades donde se manipulan, transportan y utilizan explosivos, incluidos artículos pirotécnicos y otros objetos o instrumentos que contengan explosivos.

f) Trabajos con riesgos eléctricos.

9. Cuando existan empresas concurrentes en el centro de trabajo que realicen las operaciones concurrentes a las que se refiere el apartado 1.a) de este artículo, o actividades o procesos peligrosos o con riesgos especiales, a los que se refiere el apartado 1.b), la obligación de designar recursos preventivos para su presencia en el centro de trabajo recaerá sobre la empresa o empresas que realicen dichas operaciones o actividades, en cuyo caso y cuando sean varios dichos recursos preventivos deberán colaborar entre sí y con el resto de los recursos preventivos y persona o personas encargadas de la coordinación de las actividades preventivas del empresario titular o principal del centro de trabajo.

10. La aplicación de lo previsto en este artículo no exime al empresario del cumplimiento de las restantes obligaciones que integran su deber de protección de los trabajadores, conforme a lo dispuesto en el artículo 14 de la Ley 31/1995, de 8 de noviembre, de Prevención de Riesgos Laborales.

Añadido por Real Decreto 604/2006, de 19 de mayo, por el que se modifican el Real Decreto 39/1997, de 17 de enero, por el que se aprueba el Reglamento de los Servicios de Prevención, y el Real Decreto 1627/1997, de 24 de octubre, por el que se establecen las disposiciones mínimas de seguridad y salud en las obras de construcción. (BOE de 29-05-2006).

CAPÍTULO IV
Acreditación de entidades especializadas como servicios de prevención ajenos a las empresas

Ver Orden TIN/2504/2010, de 20 de septiembre, por la que se desarrolla el Real Decreto 39/1997, de 17 de enero, por el que se aprueba el Reglamento de los Servicios de Prevención, en lo referido a la acreditación de entidades especializadas como servicios de prevención, memoria de actividades preventivas y autorización para realizar la actividad de auditoría del sistema de prevención de las empresas.

ART. 23. Solicitud de acreditación.

Las entidades especializadas que pretendan ser acreditadas como servicios de prevención deberán formular solicitud ante la autoridad laboral competente del lugar en donde radiquen sus instalaciones principales, en la que se hagan constar los siguientes extremos:

a) Nombre o denominación social, número de identificación fiscal y código de cuenta de cotización a la Seguridad Social.

b) Descripción de la actividad preventiva a desarrollar.

c) Previsión del sector o sectores en los que pretende actuar, así como del número de empresas y volumen de trabajadores a los que irá dirigida y recursos materiales previstos al efecto.

d) Previsión de dotación de personal para el desempeño de la actividad preventiva, debidamente justificada, que deberá ser efectiva en el momento en que la entidad empiece a prestar servicios, y con indicación de su cualificación profesional y dedicación.

e) Identificación de las instalaciones, de los medios instrumentales y de su respectiva ubicación, tanto las que sean propiedad de la entidad como aquellas de las que pueda disponer por cualquier otro título.

f) Compromiso de tener suscrita una póliza de seguro o garantía financiera equivalente que cubra su responsabilidad, por una cuantía mínima de 1.841.000 euros, efectiva en el momento en que la entidad empiece a prestar servicios, sin que la citada cuantía constituya el límite de la responsabilidad del servicio.

g) Los contratos o acuerdos a establecer, en su caso, con otras entidades para la realización de actividades que requieran conocimientos especiales o instalaciones de gran complejidad.

Modificado por Real Decreto 899/2015, de 9 de octubre, por el que se modifica el Real Decreto 39/1997, de 17 de enero, por el que se aprueba el Reglamento de los Servicios de Prevención. (BOE de 10-10-2015).

Ver arts. 25 y 33 RSP.

Ver Orden TIN/2504/2010, de 20 de septiembre, por la que se desarrolla el Real Decreto 39/1997, de 17 de enero, por el que se aprueba el Reglamento de los Servicios de Prevención, en lo referido a la acreditación de entidades especializadas como servicios de prevención, memoria de actividades preventivas y autorización para realizar la actividad de auditoría del sistema de prevención de las empresas.

ART. 24. Autoridad competente.

1. Será autoridad laboral competente para conocer de las solicitudes de acreditación formuladas por las entidades especializadas que pretendan actuar como servicios de prevención el órgano competente de la comunidad autónoma o de la Ciudad con Estatuto de Autonomía donde radiquen sus instalaciones principales. Esa misma autoridad laboral será competente para conocer, en su caso, de la revocación de la acreditación.

2. La acreditación otorgada será única y tendrá validez en todo el territorio español, conforme al procedimiento regulado a continuación.

Modificado por Real Decreto 337/2010, de 19 de marzo, por el que se modifican el Real Decreto 39/1997, de 17 de enero, por el que se aprueba el Reglamento de los Servicios de Prevención; el Real Decreto 1109/2007, de 24 de agosto, por el que se desarrolla la Ley 32/2006, de 18 de octubre, reguladora de la subcontratación en el sector de la construcción y el Real Decreto 1627/1997, de 24 de octubre, por el que se establecen disposiciones mínimas de seguridad y salud en obras de construcción. (BOE de 23-03-2010).

Ver art. 33 RSP.

Ver Real Decreto 171/2004, de 30 de enero, por el que se desarrolla el artículo 24 de la Ley 31/1995, de 8 de noviembre, de Prevención de Riesgos Laborales, en materia de coordinación de actividades empresariales.

Ver Orden TIN/2504/2010, de 20 de septiembre, por la que se desarrolla el Real Decreto 39/1997, de 17 de enero, por el que se aprueba el Reglamento de los Servicios de Prevención, en lo referido a la acreditación de entidades especializadas como servicios de prevención, memoria de actividades preventivas y autorización para realizar la actividad de auditoría del sistema de prevención de las empresas.

ART. 25. Procedimiento de acreditación.

1. Recibida la solicitud señalada en el artículo 23, la autoridad laboral remitirá copia a la autoridad sanitaria competente del lugar en el que radiquen las instalaciones principales de la entidad especializada, a los fines previstos en el artículo 31.5 de la Ley 31/1995, de 8 de noviembre, de prevención de Riesgos Laborales. Dicha autoridad sanitaria comunicará a la autoridad laboral su decisión acerca de la aprobación en cuanto a los aspectos de carácter sanitario.

2. Al mismo tiempo, la autoridad laboral competente solicitará informe de la Inspección de Trabajo y Seguridad Social y de los órganos técnicos en materia preventiva de la comunidad autónoma, o en el caso de las ciudades de Ceuta y de Melilla, del Instituto Nacional de Seguridad e Higiene en el Trabajo.

3. La autoridad laboral competente recabará informe preceptivo de todas las comunidades autónomas en las que la entidad haya identificado las instalaciones a las que se refiere el artículo 23.e). La autoridad sanitaria competente hará lo mismo respecto de las autoridades sanitarias de las comunidades autónomas en las que existan instalaciones sanitarias y en relación a la aprobación de los aspectos sanitarios.

El informe de las autoridades laborales afectadas versará sobre los medios materiales y humanos de la entidad solicitante.

4. Recibida la solicitud, las autoridades laborales requeridas recabarán, a su vez, informe de la Inspección de Trabajo y Seguridad Social y de sus órganos técnicos territoriales en materia de seguridad y salud en el trabajo, así como cuantos otros informes considere necesarios.

5. La autoridad laboral, a la vista de la decisión de la autoridad sanitaria y de los informes emitidos, dictará y notificará la resolución en el plazo de tres meses, contados desde la entrada de la solicitud en el registro del órgano administrativo competente para resolver, acreditando a la entidad o denegando la solicitud formulada. Dicho plazo se ampliará a seis meses en el supuesto previsto en el apartado 3.

Transcurrido dicho plazo sin que se haya notificado resolución expresa, la solicitud podrá entenderse desestimada por silencio administrativo, de conformidad con el artículo 31.6 de la Ley 31/1995, de 8 de noviembre, de prevención de Riesgos Laborales.

6. Procederá dictar resolución estimatoria por parte de la autoridad laboral competente cuando se compruebe el cumplimiento de todos los extremos señalados en el artículo 23.

La resolución estimatoria se inscribirá en el Registro al que se refiere el artículo 28.

7. Contra la resolución expresa o presunta de la autoridad laboral podrá interponerse recurso de alzada en el plazo de un mes ante el órgano superior jerárquico correspondiente.

Modificado por Real Decreto 899/2015, de 9 de octubre, por el que se modifica el Real Decreto 39/1997, de 17 de enero, por el que se aprueba el Reglamento de los Servicios de Prevención. (BOE de 10-10-2015).

Ver art. 33 RSP.

ART. 26. Mantenimiento de los requisitos de funcionamiento.

1. Las entidades especializadas deberán mantener, en todo momento, los requisitos necesarios para actuar como servicios de prevención establecidos en este real decreto y en sus disposiciones de desarrollo.

A fin de garantizar el cumplimiento de esta obligación, las entidades especializadas deberán comunicar a la autoridad laboral competente cualquier variación que pudiera afectar a dichos requisitos de funcionamiento a través de los correspondientes registros en un plazo máximo de diez días.

2. Las autoridades laboral y sanitaria podrán verificar, en el ámbito de sus competencias, el cumplimiento de los requisitos exigibles para el desarrollo de las actividades del servicio, comunicando a la autoridad laboral que concedió la acreditación las deficiencias detectadas con motivo de tales verificaciones.

3. Si como resultado de las comprobaciones efectuadas, bien directamente o a través de las comunicaciones señaladas en el apartado anterior, la autoridad laboral que concedió la acreditación comprobara el incumplimiento de los requisitos a que se refiere el apartado anterior, podrá suspender y, en su caso, revocar la acreditación otorgada conforme al procedimiento que se establece en el artículo 27.

4. Asimismo, la acreditación podrá ser revocada por la autoridad laboral competente, como consecuencia de sanción por infracción grave o muy grave de las entidades especializadas que actúen como servicios de prevención ajenos, de acuerdo con el artículo 40.2 del texto refundido de la Ley sobre Infracciones y Sanciones en el Orden Social, aprobado por el Real Decreto Legislativo 5/2000, de 4 de agosto. En este caso, el procedimiento de revocación se iniciará sólo en virtud de la resolución administrativa firme que aprecie la existencia de infracción grave o muy grave.

Modificado por Real Decreto 899/2015, de 9 de octubre, por el que se modifica el Real Decreto 39/1997, de 17 de enero, por el que se aprueba el Reglamento de los Servicios de Prevención. (BOE de 10-10-2015).

ART. 27. Revocación de la acreditación.

1. La autoridad laboral competente iniciará el expediente de revocación de la acreditación mediante acuerdo, que se notificará a la entidad afectada y que contendrá los hechos comprobados y las irregularidades detectadas o bien el testimonio de la resolución sancionadora firme por infracción grave o muy grave de las entidades especializadas que actúen como servicios de prevención ajenos, de acuerdo con artículo 40.2 de la Ley de Infracciones y Sanciones en el Orden Social, texto refundido aprobado por Real Decreto Legislativo 5/2000, de 4 de agosto.

2. Las comprobaciones previas al inicio del expediente sobre el mantenimiento de los requisitos de funcionamiento exigibles al servicio de prevención ajeno podrán iniciarse de oficio por las autoridades laborales o sanitarias o en virtud de los informes emitidos por los órganos especializados de participación y representación de los trabajadores en las empresas en materia de prevención de riesgos laborales.

3. Si la autoridad que lleve a cabo las comprobaciones fuera distinta a la autoridad laboral que acreditó al servicio de prevención ajeno, remitirá a ésta informe- propuesta con la exposición de los hechos comprobados y las irregularidades detectadas.

4. En su caso, la autoridad laboral competente podrá recabar los informes que estime oportunos de las autoridades laborales y sanitarias correspondientes a los diversos ámbitos de actuación territorial de la entidad especializada, que habrán de ser evacuados en el plazo de quince días.

5. Tras las comprobaciones iniciales y los informes previstos, la autoridad laboral competente notificará a la entidad especializada el acuerdo a que se refiere el apartado 1 y abrirá un plazo de quince días para las alegaciones de la entidad.

6. Si con posterioridad a la fase de alegaciones se incorporaran nuevas actuaciones al expediente, se dará nuevamente audiencia a la entidad especializada para que formule nuevas alegaciones, con vista a lo actuado, por plazo de diez días, a cuyo término quedará visto el expediente para resolución.

7. La resolución se notificará en el plazo máximo de seis meses desde la fecha del acuerdo de iniciación del expediente de revocación conforme al apartado 1 y declarará una de las siguientes opciones:

a) El mantenimiento de la acreditación.

b) La suspensión de la acreditación cuando el expediente se haya iniciado por la circunstancia señalada en el apartado 3 del artículo anterior.

c) La revocación definitiva de la acreditación cuando el expediente se deba a la concurrencia de la causa prevista en el apartado 4 del artículo anterior.

En el caso del párrafo b), la resolución habrá de fijar el plazo en el que la entidad debe reunir las condiciones y requisitos para reiniciar su actividad y la advertencia expresa de que, en caso contrario, la acreditación quedará definitivamente revocada. Si la entidad especializada notificara el cumplimiento de las citadas condiciones o requisitos dentro del plazo fijado en la resolución, la autoridad laboral competente, previas las comprobaciones oportunas, dictará nueva resolución en el plazo máximo de tres meses levantando la suspensión acordada o revocando definitivamente la acreditación.

8. La resolución se notificará a la entidad especializada, al resto de autoridades laborales y sanitarias que hayan intervenido y al Registro establecido en el artículo 28 donde se anotará, en su caso, la revocación o suspensión de la acreditación mediante el correspondiente asiento.

9. Si no hubiese recaído resolución transcurridos seis meses desde la fecha del acuerdo que inicia el expediente de revocación conforme al apartado 1, sin cómputo de las interrupciones imputables a la entidad, se producirá la caducidad del expediente y se archivarán las actuaciones, de lo que se librará testimonio a solicitud del interesado.

10. Asimismo, si no se hubiese notificado resolución expresa transcurridos tres meses desde la fecha de la comunicación por la entidad especializada a la autoridad laboral del cumplimiento de las condiciones y requisitos establecidos en la resolución que suspendió la acreditación, se producirá la caducidad del procedimiento y la resolución en que se declare ordenará el archivo de las actuaciones con los efectos previstos en el artículo 92 Ley 30/1992, de 26 de noviembre, de Régimen Jurídico de las Administraciones Públicas y del Procedimiento Administrativo Común.

11. Contra las resoluciones de la autoridad laboral cabrá la interposición de recurso de alzada ante el órgano superior jerárquico correspondiente en los plazos señalados en el artículo 115 de la Ley 30/1992, de 26 de noviembre.

Apdo. 7 modificado por Real Decreto 899/2015, de 9 de octubre, por el que se modifica el Real Decreto 39/1997, de 17 de enero, por el que se aprueba el Reglamento de los Servicios de Prevención. (BOE de 10-10-2015).

ART. 28. Registro.

1. En los órganos competentes de las comunidades autónomas o de la Administración General del Estado, en el caso de las ciudades de Ceuta y de Melilla, se creará un registro en el que serán inscritas las entidades especializadas que hayan sido acreditadas como servicios de prevención, así como las personas o entidades especializadas a las que se haya concedido autorización para efectuar auditorías o evaluaciones de los sistemas de prevención de conformidad con lo establecido en el capítulo V.

2. La configuración de los registros deberá permitir que, con independencia de la autoridad laboral competente que haya expedido la acreditación:

a) Los ciudadanos puedan consultar las entidades especializadas acreditadas como servicios de prevención ajenos o entidades auditoras.

b) Las entidades especializadas puedan cumplir sus obligaciones de comunicación de datos relativos al cumplimiento de los requisitos de funcionamiento con las autoridades laborales competentes.

c) Las autoridades laborales, las autoridades sanitarias, la Inspección de Trabajo y Seguridad Social, el Instituto Nacional de Seguridad e Higiene en el Trabajo así como los órganos técnicos territoriales en materia de seguridad y salud en el trabajo puedan tener acceso a toda la información disponible sobre las entidades especializadas acreditadas como servicios de prevención ajenos o entidades auditoras, al margen de la autoridad que haya expedido la acreditación.

3. Los datos que obren en los Registros de las autoridades competentes, incluyendo las comunicaciones de datos relativos al cumplimiento de los requisitos de funcionamiento a que se refiere el artículo 26, se incorporarán a una base de datos general cuya gestión corresponderá a la Dirección General de Empleo del Ministerio de Empleo y Seguridad Social.

La configuración de esta base de datos deberá permitir a las comunidades autónomas que sus respectivos registros cumplan las funciones que se les atribuyen en el apartado 2.

4. Los órganos a los que se refiere el apartado 1 enviarán a la Dirección General de Empleo del Ministerio de Empleo y Seguridad Social, en el plazo de ocho días hábiles, copia de todo asiento practicado en sus respectivos registros. Las autoridades competentes que asuman como registro la aplicación informática de la base de datos general a que se refiere el apartado 3, cumplirán dicha obligación de comunicación con la sola incorporación de los datos a la referida aplicación informática.

5. Las relaciones entre las autoridades laborales se regirán por el principio de cooperación y por lo establecido en el artículo 4 de la Ley 30/1992, de 26 de noviembre, de Régimen Jurídico de las Administraciones Públicas y del Procedimiento Administrativo Común.

6. La gestión de los datos obrantes en los Registros se llevará a cabo de acuerdo con lo dispuesto en la Ley Orgánica 15/1999, de 13 de diciembre, de Protección de datos de carácter personal. Los datos de carácter personal no podrán usarse para finalidades distintas de aquéllas para las que tales datos hubieran sido recogidos.

Modificado por Real Decreto 899/2015, de 9 de octubre, por el que se modifica el Real Decreto 39/1997, de 17 de enero, por el que se aprueba el Reglamento de los Servicios de Prevención. (BOE de 10-10-2015).

Ver art. 25.6 RSP.

Apdo. 2: Ver arts. 20.2 y 27.8 RSP.

CAPÍTULO V
Auditorías

Ver Orden TIN/2504/2010, de 20 de septiembre, por la que se desarrolla el Real Decreto 39/1997, de 17 de enero, por el que se aprueba el Reglamento de los Servicios de Prevención, en lo referido a la acreditación de entidades especializadas como servicios de prevención, memoria de actividades preventivas y autorización para realizar la actividad de auditoría del sistema de prevención de las empresas.

ART. 29. Ámbito de aplicación.

1. Las auditorías o evaluaciones externas serán obligatorias en los términos establecidos en el presente capítulo cuando, como consecuencia de la evaluación de los riesgos, las empresas tengan que desarrollar actividades preventivas para evitar o disminuir los riesgos derivados del trabajo.

2. Las empresas que no hubieran concertado el servicio de prevención con una entidad especializada deberán someter su sistema de prevención al control de una auditoría o evaluación externa.

Asimismo, las empresas que desarrollen las actividades preventivas con recursos propios y ajenos deberán someter su sistema de prevención al control de una auditoría o evaluación externa en los términos previstos en el artículo 31 bis de este real decreto.

3. A los efectos previstos en el apartado anterior, las empresas de hasta 50 trabajadores cuyas actividades no estén incluidas en el anexo I que desarrollen las actividades preventivas con recursos propios y en las que la eficacia del sistema preventivo resulte evidente sin necesidad de recurrir a una auditoría por el limitado número de trabajadores y la escasa complejidad de las actividades preventivas, se considerará que han cumplido la obligación de la auditoría cuando cumplimenten y remitan a la autoridad laboral una notificación sobre la concurrencia de las condiciones que no hacen necesario recurrir a la misma según

modelo establecido en el anexo II, siempre que la autoridad laboral no haya aplicado lo previsto en el apartado 4 de este artículo.

La autoridad laboral registrará y ordenará según las actividades de las empresas sus notificaciones y facilitará una información globalizada sobre las empresas afectadas a los órganos de participación institucional en materia de seguridad y salud.

4. Teniendo en cuenta la notificación prevista en el apartado anterior, la documentación establecida en el artículo 7 y la situación individualizada de la empresa, a la vista de los datos de siniestralidad de la empresa o del sector, de informaciones o de otras circunstancias que pongan de manifiesto la peligrosidad de las actividades desarrolladas o la inadecuación del sistema de prevención, la autoridad laboral, previo informe de la Inspección de Trabajo y Seguridad Social y, en su caso, de los órganos técnicos en materia preventiva de las Comunidades Autónomas, podrá requerir la realización de una auditoría a las empresas referidas en el citado apartado, de conformidad con lo dispuesto en el apartado 2.

Apdo. 3 modificado por Real Decreto 337/2010, de 19 de marzo, por el que se modifican el Real Decreto 39/1997, de 17 de enero, por el que se aprueba el Reglamento de los Servicios de Prevención; el Real Decreto 1109/2007, de 24 de agosto, por el que se desarrolla la Ley 32/2006, de 18 de octubre, reguladora de la subcontratación en el sector de la construcción y el Real Decreto 1627/1997, de 24 de octubre, por el que se establecen disposiciones mínimas de seguridad y salud en obras de construcción. (BOE de 23-03-2010).

ART. 30. Concepto, contenido, metodología y plazo.

1. La auditoría es un instrumento de gestión que persigue reflejar la imagen fiel del sistema de prevención de riesgos laborales de la empresa, valorando su eficacia y detectando las deficiencias que puedan dar lugar a incumplimientos de la normativa vigente para permitir la adopción de decisiones dirigidas a su perfeccionamiento y mejora.

2. Para el cumplimiento de lo señalado en el apartado anterior, la auditoría llevará a cabo un análisis sistemático, documentado y objetivo del sistema de prevención, que incluirá los siguientes elementos:

a) Comprobar cómo se ha realizado la evaluación inicial y periódica de los riesgos, analizar sus resultados y verificarlos en caso de duda.

b) Comprobar que el tipo y planificación de las actividades preventivas se ajusta a lo dispuesto en la normativa general, así como a la normativa sobre riesgos específicos que sea de aplicación, teniendo en cuenta los resultados de la evaluación.

c) Analizar la adecuación entre los procedimientos y medios requeridos para realizar las actividades preventivas necesarias y los recursos de que dispone el empresario, propios o concertados, teniendo en cuenta, además, el modo en que están organizados o coordinados, en su caso.

d) En función de todo lo anterior, valorar la integración de la prevención en el sistema general de gestión de la empresa, tanto en el conjunto de sus actividades como en todos los niveles jerárquicos de ésta, mediante la implantación y aplicación del Plan de prevención de riesgos laborales, y valorar la eficacia del sistema de prevención para prevenir, identificar, evaluar, corregir y controlar los riesgos laborales en todas las fases de actividad de la empresa.

A estos efectos se ponderará el grado de integración de la prevención en la dirección de la empresa, en los cambios de equipos, productos y organización de la empresa, en el mantenimiento de instalaciones o equipos y en la supervisión de actividades potencialmente peligrosas, entre otros aspectos.

3. La auditoría deberá ser realizada de acuerdo con las normas técnicas establecidas o que puedan establecerse y teniendo en cuenta la información recibida de los trabajadores. Cualquiera que sea el procedimiento utilizado, la metodología o procedimiento mínimo de referencia deberá incluir, al menos:

a) Un análisis de la documentación relativa al plan de prevención de riesgos laborales, a la evaluación de riesgos, a la planificación de la actividad preventiva y cuanta otra información sobre la organización y actividades de la empresa sea necesaria para el ejercicio de la actividad auditora.

b) Un análisis de campo dirigido a verificar que la documentación referida en el párrafo anterior refleja con exactitud y precisión la realidad preventiva de la empresa. Dicho análisis, que podrá realizarse aplicando técnicas de muestreo cuando sea necesario, incluirá la visita a los puestos de trabajo.

c) Una evaluación de la adecuación del sistema de prevención de la empresa a la normativa de prevención de riesgos laborales.

d) Unas conclusiones sobre la eficacia del sistema de prevención de riesgos laborales de la empresa.

4. La primera auditoría del sistema de prevención de la empresa deberá llevarse a cabo dentro de los doce meses siguientes al momento en que se disponga de la planificación de la actividad preventiva.

La auditoría deberá ser repetida cada cuatro años, excepto cuando se realicen actividades incluidas en el anexo I de este real decreto, en que el plazo será de dos años. Estos plazos de revisión se ampliarán en dos años en los supuestos en que la modalidad de organización preventiva de la empresa haya sido acordada con la representación especializada de los trabajadores en la empresa. En todo caso, deberá repetirse cuando así lo requiera la autoridad laboral, previo informe de la Inspección de Trabajo y Seguridad Social y, en su caso, de los órganos técnicos en materia preventiva de las comunidades autónomas, a la vista de los datos de siniestralidad o de otras circunstancias que pongan de manifiesto la necesidad de revisar los resultados de la última auditoría.

5. De conformidad con lo previsto en el artículo 18.2 de la Ley 31/1995, de 8 de noviembre, de Prevención de Riesgos Laborales, el empresario deberá consultar a los trabajadores y permitir su participación en la realización de la auditoría según lo dispuesto en el capítulo V de la citada Ley.

En particular, el auditor deberá recabar información de los representantes de los trabajadores sobre los diferentes elementos que, según el apartado 3, constituyen el contenido de la auditoría.

Apdo. 4 modificado por Real Decreto 337/2010, de 19 de marzo, por el que se modifican el Real Decreto 39/1997, de 17 de enero, por el que se aprueba el Reglamento de los Servicios de Prevención; el Real Decreto 1109/2007, de 24 de agosto, por el que se desarrolla la Ley 32/2006, de 18 de octubre, reguladora de la subcontratación en el sector de la construcción y el Real Decreto 1627/1997, de 24 de octubre, por el que se establecen disposiciones mínimas de seguridad y salud en obras de construcción. (BOE de 23-03-2010).

Ver art. 33 bis RSP.

ART. 31. Informe de auditoría.

1. Los resultados de la auditoría deberán quedar reflejados en un informe que la empresa auditada deberá mantener a disposición de la autoridad laboral competente y de los representantes de los trabajadores.

2. El informe de auditoría deberá reflejar los siguientes aspectos:

a) Identificación de la persona o entidad auditora y del equipo auditor.

b) Identificación de la empresa auditada.

c) Objeto y alcance de la auditoría.

d) Fecha de emisión del informe de auditoría.

e) Documentación que ha servido de base a la auditoría, incluida la información recibida de los representantes de los trabajadores, que se incorporará al informe.

f) Descripción sintetizada de la metodología empleada para realizar la auditoría y, en su caso, identificación de las normas técnicas utilizadas.

g) Descripción de los distintos elementos auditados y resultado de la auditoría en relación con cada uno de ellos.

h) Conclusiones sobre la eficacia del sistema de prevención y sobre el cumplimiento por el empresario de las obligaciones establecidas en la normativa de prevención de riesgos laborales.

i) Firma del responsable de la persona o entidad auditora.

3. El contenido del informe de auditoría deberá reflejar fielmente la realidad verificada en la empresa, estando prohibida toda alteración o falseamiento del mismo.

4. La empresa adoptará las medidas necesarias para subsanar aquellas deficiencias que los resultados de la auditoría hayan puesto de manifiesto y que supongan incumplimientos de la normativa sobre prevención de riesgos laborales.

Modificado por Real Decreto 604/2006, de 19 de mayo, por el que se modifican el Real Decreto 39/1997, de 17 de enero, por el que se aprueba el Reglamento de los Servicios de Prevención, y el Real Decreto 1627/1997, de 24 de octubre, por el que se establecen las disposiciones mínimas de seguridad y salud en las obras de construcción. (BOE de 29-05-2006).

Ver art. 33 bis RSP.

ART. 31 bis. Auditoría del sistema de prevención con actividades preventivas desarrolladas con recursos propios y ajenos.

1. La auditoría del sistema de prevención de las empresas que desarrollen las actividades preventivas con recursos propios y ajenos tendrá como objeto las actividades preventivas desarrolladas por el empresario con recursos propios y su integración en el sistema general de gestión de la empresa, teniendo en cuenta la incidencia en dicho sistema de su forma mixta de organización, así como el modo en que están coordinados los recursos propios y ajenos en el marco del plan de prevención de riesgos laborales.

2. El contenido, la metodología y el informe de la auditoría habrán de adaptarse al objeto que se establece en el apartado anterior.

Añadido por Real Decreto 604/2006, de 19 de mayo, por el que se modifican el Real Decreto 39/1997, de 17 de enero, por el que se aprueba el Reglamento de los Servicios de Prevención, y el Real Decreto 1627/1997, de 24 de octubre, por el que se establecen las disposiciones mínimas de seguridad y salud en las obras de construcción. (BOE de 29-05-2006).

Ver arts. 29.2 y 33 bis RSP.

ART. 32. Requisitos.

1. La auditoría deberá ser realizada por personas físicas o jurídicas que posean, además, un conocimiento suficiente de las materias y aspectos técnicos objeto de la misma y cuenten con los medios adecuados para ello.

2. Las personas físicas o jurídicas que realicen la auditoría del sistema de prevención de una empresa no podrán mantener con la misma vinculaciones comerciales, financieras o de cualquier otro tipo, distintas a las propias de su actuación como auditoras, que puedan afectar a su independencia o influir en el resultado de sus actividades.

Del mismo modo, tales personas no podrán realizar para la misma o distinta empresa actividades de coordinación de actividades preventivas, ni actividades en calidad de entidad especializada para actuar como servicio de prevención, ni mantener con estas últimas vinculaciones comerciales, financieras o de cualquier otro tipo, con excepción de las siguientes:

a) El concierto de la persona o entidad auditora con uno o más servicios de prevención ajenos para la realización de actividades preventivas en su propia empresa.

b) El contrato para realizar la auditoría del sistema de prevención de un empresario dedicado a la actividad de servicio de prevención ajeno.

3. Cuando la complejidad de las verificaciones a realizar lo haga necesario, las personas o entidades encargadas de llevar a cabo la auditoría podrán recurrir a otros profesionales que cuenten con los conocimientos, medios e instalaciones necesarios para la realización de aquéllas.

Apdo. 2 modificado por Real Decreto 604/2006, de 19 de mayo, por el que se modifican el Real Decreto 39/1997, de 17 de enero, por el que se aprueba el Reglamento de los Servicios de Prevención, y el Real Decreto 1627/1997, de 24 de octubre, por el que se establecen las disposiciones mínimas de seguridad y salud en las obras de construcción. (BOE de 29-05-2006).

Ver art. 33 bis RSP.

ART. 33. Autorización.

1. Las personas o entidades especializadas que pretendan desarrollar la actividad de auditoría del sistema de prevención habrán de contar con la autorización de la autoridad laboral competente del lugar donde radiquen sus instalaciones principales, previa solicitud ante la misma, en la que se harán constar las previsiones señaladas en los párrafos a), c), d), e) y g) del artículo 23.

2. La autoridad laboral, previos los informes que estime oportunos, dictará resolución autorizando o denegando la solicitud formulada en el plazo de tres meses, contados desde la entrada de la solicitud en el Registro del órgano administrativo competente. Transcurrido dicho plazo sin que haya recaído resolución expresa, la solicitud podrá entenderse desestimada.

3. Será de aplicación a la autorización lo previsto para la acreditación en los artículos 24 y 25 así como lo dispuesto en el artículo 26 en relación con el mantenimiento de las condiciones de autorización y la extinción, en su caso, de las autorizaciones otorgadas.

Modificado por Real Decreto 337/2010, de 19 de marzo, por el que se modifican el Real Decreto 39/1997, de 17 de enero, por el que se aprueba el Reglamento de los Servicios de Prevención; el Real Decreto 1109/2007, de 24 de agosto, por el que se desarrolla la Ley 32/2006, de 18 de octubre, reguladora de la subcontratación en el sector de la construcción y el Real Decreto 1627/1997, de 24 de octubre, por el que se establecen disposiciones mínimas de seguridad y salud en obras de construcción. (BOE de 23-03-2010).

Ver art. 33 bis RSP.

ART. 33 bis. Auditorías voluntarias.

1. Sin perjuicio del cumplimiento de lo dispuesto en este capítulo, las empresas podrán someter con carácter voluntario su sistema de prevención al control de una auditoría o evaluación externa para permitir la adopción de decisiones dirigidas a su perfeccionamiento y mejora.

2. Las auditorías voluntarias podrán realizarse en aquellos casos en que la auditoría externa no sea legalmente exigible o, cuando siéndolo, se realicen con una mayor frecuencia o con un alcance más amplio a los establecidos en este capítulo.

3. Las auditorías voluntarias del sistema de prevención realizadas por las empresas que se ajusten a lo establecido en los artículos 30, apartados 2, 3 y 5, 31, 31 bis, 32 y 33 de este real decreto serán tenidas en cuenta en los programas a que se refiere el artículo 5.3 de la Ley 31/1995, de 8 de noviembre, de Prevención de Riesgos Laborales.

Añadido por Real Decreto 604/2006, de 19 de mayo, por el que se modifican el Real Decreto 39/1997, de 17 de enero, por el que se aprueba el Reglamento de los Servicios de Prevención, y el Real Decreto 1627/1997, de 24 de octubre, por el que se establecen las disposiciones mínimas de seguridad y salud en las obras de construcción. (BOE de 29-05-2006).

CAPÍTULO VI
Funciones y niveles de cualificación

Ver arts. 11, 13, 15 y 18 RSP.

Ver Orden TIN/2504/2010, de 20 de septiembre, por la que se desarrolla el Real Decreto 39/1997, de 17 de enero, por el que se aprueba el Reglamento de los Servicios de Prevención, en lo referido a la acreditación de entidades especializadas como servicios de prevención, memoria de actividades preventivas y autorización para realizar la actividad de auditoría del sistema de prevención de las empresas.

ART. 34. Clasificación de las funciones.

A efectos de determinación de las capacidades y aptitudes necesarias para la evaluación de los riesgos y el desarrollo de la actividad preventiva, las funciones a realizar se clasifican en los siguientes grupos:

a) Funciones de nivel básico.

b) Funciones de nivel intermedio.

c) Funciones de nivel superior, correspondientes a las especialidades y disciplinas preventivas de medicina del trabajo, seguridad en el trabajo, higiene industrial, y ergonomía y psicosociología aplicada.

Las funciones que se recogen en los artículos siguientes serán las que orienten los distintos proyectos y programas formativos desarrollados para cada nivel.

Estos proyectos y programas deberán ajustarse a los criterios generales y a los contenidos formativos mínimos que se establecen para cada nivel en los anexos III a VI.

ART. 35. Funciones de nivel básico.

1. Integran el nivel básico de la actividad preventiva las funciones siguientes:

a) Promover los comportamientos seguros y la correcta utilización de los equipos de trabajo y protección, y fomentar el interés y cooperación de los trabajadores en una acción preventiva integrada.

b) Promover, en particular, las actuaciones preventivas básicas, tales como el orden, la limpieza, la señalización y el mantenimiento general, y efectuar su seguimiento y control.

c) Realizar evaluaciones elementales de riesgos y, en su caso, establecer medidas preventivas del mismo carácter compatibles con su grado de formación.

d) Colaborar en la evaluación y el control de los riesgos generales y específicos de la empresa, efectuando visitas al efecto, atención a quejas y sugerencias, registro de datos, y cuantas funciones análogas sean necesarias.

e) Actuar en caso de emergencia y primeros auxilios gestionando las primeras intervenciones al efecto.

f) Cooperar con los servicios de prevención, en su caso.

2. Para desempeñar las funciones referidas en el apartado anterior, será preciso:

a) Poseer una formación mínima con el contenido especificado en el programa a que se refiere el anexo IV y cuyo desarrollo tendrá una duración no inferior a 50 horas, en el caso de empresas que desarrollen alguna de las actividades incluidas en el anexo I, o de 30 horas en los demás casos, y una distribución horaria adecuada a cada proyecto formativo, respetando la establecida en los apartados 1 y 2, respectivamente, del anexo IV citado, o

b) Poseer una formación profesional o académica que capacite para llevar a cabo responsabilidades profesionales equivalentes o similares a las que precisan las actividades señaladas en el apartado anterior, o

c) Acreditar una experiencia no inferior a dos años en una empresa, institución o Administración pública que lleve consigo el desempeño de niveles profesionales de responsabilidad equivalentes o similares a los que precisan las actividades señaladas en el apartado anterior.

En los supuestos contemplados en los párrafos b) y c), los niveles de cualificación preexistentes deberán ser mejorados progresivamente, en el caso de que las actividades preventivas a realizar lo hicieran necesario, mediante una acción formativa de nivel básico en el marco de la formación continua.

3. La formación mínima prevista en el párrafo a) del apartado anterior se acreditará mediante certificación de formación específica en materia de prevención de riesgos laborales, emitida por un servicio de prevención o por una entidad pública o privada con capacidad para desarrollar actividades formativas específicas en esta materia.

Modificado por Real Decreto 604/2006, de 19 de mayo, por el que se modifican el Real Decreto 39/1997, de 17 de enero, por el que se aprueba el Reglamento de los Servicios de Prevención, y el Real Decreto 1627/1997, de 24 de octubre, por el que se establecen las disposiciones mínimas de seguridad y salud en las obras de construcción. (BOE de 29-05-2006).

ART. 36. Funciones de nivel intermedio.

1. Las funciones correspondientes al nivel intermedio son las siguientes:

a) Promover, con carácter general, la prevención en la empresa y su integración en la misma.

b) Realizar evaluaciones de riesgos, salvo las específicamente reservadas al nivel superior.

c) Proponer medidas para el control y reducción de los riesgos o plantear la necesidad de recurrir al nivel superior, a la vista de los resultados de la evaluación.

d) Realizar actividades de información y formación básica de trabajadores.

e) Vigilar el cumplimiento del programa de control y reducción de riesgos y efectuar personalmente las actividades de control de las condiciones de trabajo que tenga asignadas.

f) Participar en la planificación de la actividad preventiva y dirigir las actuaciones a desarrollar en casos de emergencia y primeros auxilios.

g) Colaborar con los servicios de prevención, en su caso.

h) Cualquier otra función asignada como auxiliar, complementaria o de colaboración del nivel superior.

2. Para desempeñar las funciones referidas en el apartado anterior, será preciso poseer una formación mínima con el contenido especificado en el programa a que se refiere el anexo V y cuyo desarrollo tendrá una duración no inferior a 300 horas y una distribución horaria adecuada a cada proyecto formativo, respetando la establecida en el anexo citado.

Modificado por Real Decreto 604/2006, de 19 de mayo, por el que se modifican el Real Decreto 39/1997, de 17 de enero, por el que se aprueba el Reglamento de los Servicios de Prevención, y el Real Decreto 1627/1997, de 24 de octubre, por el que se establecen las disposiciones mínimas de seguridad y salud en las obras de construcción. (BOE de 29-05-2006).

Ver D.A. 5.ª RSP.

ART. 37. Funciones de nivel superior.

1. Las funciones correspondientes al nivel superior son las siguientes:

a) Las funciones señaladas en el apartado 1 del artículo anterior, con excepción de la indicada en el párrafo h).

b) La realización de aquellas evaluaciones de riesgos cuyo desarrollo exija:

1.º El establecimiento de una estrategia de medición para asegurar que los resultados obtenidos caracterizan efectivamente la situación que se valora, o

2.º Una interpretación o aplicación no mecánica de los criterios de evaluación.

c) La formación e información de carácter general, a todos los niveles, y en las materias propias de su área de especialización.

d) La planificación de la acción preventiva a desarrollar en las situaciones en las que el control o reducción de los riesgos supone la realización de actividades diferentes, que implican la intervención de distintos especialistas.

e) La vigilancia y control de la salud de los trabajadores en los términos señalados en el apartado 3 de este artículo.

2. Para desempeñar las funciones relacionadas en el apartado anterior será preciso contar con una titulación universitaria oficial y poseer una formación mínima acreditada por una universidad con el contenido especificado en el programa a que se refiere el anexo VI, cuyo desarrollo tendrá una duración no inferior a seiscientas horas y una distribución horaria adecuada a cada proyecto formativo, respetando la establecida en el anexo citado.

3. Las funciones de vigilancia y control de la salud de los trabajadores señaladas en el párrafo e) del apartado 1 serán desempeñadas por personal sanitario con competencia técnica, formación y capacidad acreditada con arreglo a la normativa vigente y a lo establecido en los párrafos siguientes:

a) Los servicios de prevención que desarrollen funciones de vigilancia y control de la salud de los trabajadores deberán contar con un médico especialista en Medicina del Trabajo o diplomado en Medicina de Empresa y un ATS/DUE de empresa, sin perjuicio de la participación de otros profesionales sanitarios con competencia técnica, formación y capacidad acreditada.

b) En materia de vigilancia de la salud, la actividad sanitaria deberá abarcar, en las condiciones fijadas por el artículo 22 de la Ley 31/1995, de Prevención de Riesgos Laborales:

1.º Una evaluación de la salud de los trabajadores inicial después de la incorporación al trabajo o después de la asignación de tareas específicas con nuevos riesgos para la salud.

2.º Una evaluación de la salud de los trabajadores que reanuden el trabajo tras una ausencia prolongada por motivos de salud, con la finalidad de descubrir sus eventuales orígenes profesionales y recomendar una acción apropiada para proteger a los trabajadores.

3.º Una vigilancia de la salud a intervalos periódicos.

c) La vigilancia de la salud estará sometida a protocolos específicos u otros medios existentes con respecto a los factores de riesgo a los que esté expuesto el trabajador. El Ministerio de Sanidad y Consumo y las Comunidades Autónomas, oídas las sociedades científicas competentes, y de acuerdo con lo establecido en la Ley General de Sanidad en materia de participación de los agentes sociales, establecerán la periodicidad y contenidos específicos de cada caso.

Los exámenes de salud incluirán, en todo caso, una historia clínico-laboral, en la que además de los datos de anamnesis, exploración clínica y control biológico y estudios complementarios en función de los riesgos inherentes al trabajo, se hará constar una descripción detallada del puesto de trabajo, el tiempo de permanencia en el mismo, los riesgos detectados en el análisis de las condiciones de trabajo, y las medidas de prevención adoptadas.

Deberá constar igualmente, en caso de disponerse de ello, una descripción de los anteriores puestos de trabajo, riesgos presentes en los mismos, y tiempo de permanencia para cada uno de ellos.

d) El personal sanitario del servicio de prevención deberá conocer las enfermedades que se produzcan entre los trabajadores y las ausencias del trabajo por motivos de salud, a los solos efectos de poder identificar cualquier relación entre la causa de enfermedad o de ausencia y los riesgos para la salud que puedan presentarse en los lugares de trabajo.

e) En los supuestos en que la naturaleza de los riesgos inherentes al trabajo lo haga necesario, el derecho de los trabajadores a la vigilancia periódica de su estado de salud deberá ser prolongado más allá de la finalización de la relación laboral a través del Sistema Nacional de Salud.

f) El personal sanitario del servicio deberá analizar los resultados de la vigilancia de la salud de los trabajadores y de la evaluación de los riesgos, con criterios epidemiológicos y colaborará con el resto de los componentes del servicio, a fin de investigar y analizar las posibles relaciones entre la exposición a los riesgos profesionales y los perjuicios para la salud y proponer medidas encaminadas a mejorar las condiciones y medio ambiente de trabajo.

g) El personal sanitario del servicio de prevención estudiará y valorará, especialmente, los riesgos que puedan afectar a las trabajadoras en situación de embarazo o parto reciente, a los menores y a los trabajadores especialmente sensibles a determinados riesgos, y propondrá las medidas preventivas adecuadas.

h) El personal sanitario del servicio de prevención que, en su caso, exista en el centro de trabajo deberá proporcionar los primeros auxilios y la atención de urgencia a los trabajadores víctimas de accidentes o alteraciones en el lugar de trabajo.

Apdo. 2 modificado por Real Decreto 337/2010, de 19 de marzo, por el que se modifican el Real Decreto 39/1997, de 17 de enero, por el que se aprueba el Reglamento de los Servicios de Prevención; el Real Decreto 1109/2007, de 24 de agosto, por el que se desarrolla la Ley 32/2006, de 18 de octubre, reguladora de la subcontratación en el sector de la construcción y el Real Decreto 1627/1997, de 24 de octubre, por el que se establecen disposiciones mínimas de seguridad y salud en obras de construcción. (BOE de 23-03-2010).

Apdo. 3: Ver art. 15.2 y D.A. 5.ª RSP.

Ver Orden TIN/2504/2010, de 20 de septiembre, por la que se desarrolla el Real Decreto 39/1997, de 17 de enero, por el que se aprueba el Reglamento de los Servicios de Prevención, en lo referido a la acreditación de entidades especializadas como servicios de prevención, memoria de actividades preventivas y autorización para realizar la actividad de auditoría del sistema de prevención de las empresas.

CAPÍTULO VII
Colaboración de los servicios de prevención con el Sistema Nacional de Salud

Ver Orden TIN/2504/2010, de 20 de septiembre, por la que se desarrolla el Real Decreto 39/1997, de 17 de enero, por el que se aprueba el Reglamento de los Servicios de Prevención, en lo referido a la acreditación de entidades especializadas como servicios de prevención, memoria de actividades preventivas y autorización para realizar la actividad de auditoría del sistema de prevención de las empresas.

ART. 38. Colaboración con el Sistema Nacional de Salud.

1. De acuerdo con lo establecido en el artículo 10 de la Ley 31/1995, de Prevención de Riesgos Laborales, y artículo 21 de la Ley 14/1986, General de Sanidad, el servicio de prevención colaborará con los servicios de atención primaria de salud y de asistencia sanitaria especializada para el diagnóstico, tratamiento y rehabilitación de enfermedades relacionadas con el trabajo, y con las Administraciones sanitarias competentes en la actividad de salud laboral que se planifique, siendo las unidades responsables de salud pública del Área de Salud, que define la Ley General de Sanidad, las competentes para la coordinación entre los servicios de prevención que actúen en esa Área y el sistema sanitario. Esta coordinación será desarrollada por las Comunidades Autónomas en el ámbito de sus competencias.

2. El servicio de prevención colaborará en las campañas sanitarias y epidemiológicas organizadas por las Administraciones públicas competentes en materia sanitaria.

ART. 39. Información sanitaria.

1. El servicio de prevención colaborará con las autoridades sanitarias para proveer el Sistema de Información Sanitaria en Salud Laboral. El conjunto mínimo de datos de dicho sistema de información será establecido por el Ministerio de Sanidad y Consumo, previo acuerdo con los órganos competentes de las Comunidades Autónomas, en el seno del Consejo Interterritorial del Sistema Nacional de Salud. Las Comunidades Autónomas en el ámbito de sus respectivas competencias, podrán desarrollar el citado sistema de información sanitaria.

2. El personal sanitario del servicio de prevención realizará la vigilancia epidemiológica, efectuando las acciones necesarias para el mantenimiento del Sistema de Información Sanitaria en Salud Laboral en su ámbito de actuación.

3. De efectuarse tratamiento automatizado de datos de salud o de otro tipo de datos personales, deberá hacerse conforme a la Ley Orgánica 5/1992, de 29 de octubre.

DISPOSICIONES ADICIONALES

D.A. 1.ª Carácter básico.

1. El presente Reglamento constituye legislación laboral, dictada al amparo del artículo 149.1.7.ª de la Constitución.

2. Respecto del personal civil con relación de carácter administrativo o estatutario al servicio de las Administraciones públicas, el presente Reglamento será de aplicación en los siguientes términos:

a) Los artículos que a continuación se relacionan constituyen normas básicas en el sentido previsto en el artículo 149.1.18.ª de la Constitución: 1, excepto las referencias al capítulo V y al artículo 36, en cuanto al Comité de Seguridad y Salud, de la Ley 31/1995, de 8 de noviembre, de Prevención de Riesgos Laborales, y al capítulo III de este real decreto; 2; 3; 4, apartados 1, 2 y 3, excepto la referencia al capítulo VI; 5; 6; 7; 8; 9; 10; 12, apartados 1 y 2, excepto el párrafo a); 13, apartados 1, excepto la referencia al capítulo VI, y 2; 15, apartados 1, 2 y párrafo primero, 3 y 4; 16, apartado 2, excepto el segundo párrafo; 20, artículo 22 bis, disposición adicional décima, disposición adicional undécima, disposición adicional duodécima.

b) En el ámbito de las Comunidades Autónomas y las entidades locales, las funciones que el Reglamento atribuye a las autoridades laborales y a la Inspección de Trabajo y Seguridad Social podrán ser atribuidas a órganos diferentes.

Apdo. 2.a) modificado por Real Decreto 604/2006, de 19 de mayo, por el que se modifican el Real Decreto 39/1997, de 17 de enero, por el que se aprueba el Reglamento de los Servicios de Prevención, y el Real Decreto 1627/1997, de 24 de octubre, por el que se establecen las disposiciones mínimas de seguridad y salud en las obras de construcción. (BOE de 29-05-2006).

D.A. 2.ª Integración en los servicios de prevención.

De conformidad con lo dispuesto en el párrafo d) de la disposición derogatoria única de la Ley de Prevención de Riesgos Laborales, el personal perteneciente a los servicios médicos de empresa en la fecha de entrada en vigor de dicha Ley se integrará en los servicios de prevención de las correspondientes empresas, cuando éstos se constituyan, sin perjuicio de que continúen efectuando aquellas funciones que tuvieran atribuidas, distintas de las propias del servicio de prevención.

D.A. 3.ª Mantenimiento de la actividad preventiva.

1. La aplicación del presente Real Decreto no afectará a la continuación de la actividad sanitaria que se ha venido desarrollando en las empresas al amparo de las normas reguladoras de los servicios médicos de empresa que se derogan y de sus disposiciones de aplicación y desarrollo, aunque dichas empresas no constituyan servicios de prevención.

2. Tampoco afectará la aplicación del presente Real Decreto al mantenimiento de la actividad preventiva desarrollada por los servicios de seguridad e higiene en el trabajo existentes en las empresas en la fecha de publicación de la Ley de Prevención de Riesgos Laborales, aún cuando no concurran las circunstancias previstas en el artículo 14 del mismo.

D.A. 4.ª Aplicación a las Administraciones públicas.

1. En el ámbito de las Administraciones públicas, la organización de los recursos necesarios para el desarrollo de las actividades preventivas y la definición de las funciones y niveles de cualificación del personal que las lleve a cabo se realizará en los términos que se regulen en la normativa específica que al efecto se dicte, de conformidad con lo dispuesto en el artículo 31, apartado 1, y en la disposición adicional tercera de la Ley de Prevención de Riesgos Laborales, y en la disposición adicional primera de este Reglamento, previa consulta con las organizaciones sindicales más representativas, en los términos señalados en la Ley 7/1990, de 19 de julio, sobre negociación colectiva y participación en la determinación de las condiciones de trabajo de los empleados públicos.

En defecto de la citada normativa específica, resultará de aplicación lo dispuesto en este Reglamento.

2. No serán de aplicación a las Administraciones públicas las obligaciones en materia de auditorías contenidas en el capítulo V de este Reglamento.

La normativa específica prevista en el apartado anterior deberá establecer los adecuados instrumentos de control al efecto.

3. Las referencias a la negociación colectiva y a los acuerdos a que se refiere el artículo 83, apartado 3, del Estatuto de los Trabajadores contenidas en el presente Reglamento se entenderán referidas, en el caso de las relaciones de carácter administrativo o estatutario del personal al servicio de las Administraciones públicas, a los acuerdos y pactos que se concluyan en los términos señalados en la Ley 7/1990, de 19 de julio, sobre negociación colectiva y participación en la determinación de las condiciones de trabajo de los empleados públicos.

D.A. 5.ª Convalidación de funciones y certificación de formación equivalente.

1. Quienes en la fecha de publicación de la Ley de Prevención de Riesgos Laborales vinieran realizando las funciones señaladas en los artículos 36 y 37 de esta norma y no cuenten con la formación mínima prevista en dichos preceptos podrán continuar desempeñando tales funciones en la empresa o entidad en que la viniesen desarrollando, siempre que reúnan los requisitos siguientes:

a) Contar con una experiencia no inferior a tres años a partir de 1985, en la realización de las funciones señaladas en el artículo 36 de esta norma, en una empresa, institución o en las Administraciones públicas. En el caso de las funciones contempladas en el artículo 37 la experiencia requerida será de un año cuando posean titulación universitaria o de cinco años en caso de carecer de ella.

b) Acreditar una formación específica en materia preventiva no inferior a cien horas, computándose tanto la formación recibida como la impartida, cursada en algún organismo público o privado de reconocido prestigio.

Lo dispuesto en el párrafo anterior no será de aplicación al personal sanitario, que continuará rigiéndose por su normativa específica.

2. Durante el año 1998 los profesionales que, en aplicación del apartado anterior, vinieran desempeñando las funciones señaladas en los artículos 36 ó 37 de esta norma en la fecha de publicación de la Ley de Prevención de Riesgos Laborales, podrán ser acreditados por la autoridad laboral competente del lugar donde resida el solicitante, expidiéndoles la correspondiente certificación de formación equivalente que les facultará para el desempeño de las funciones correspondientes a dicha formación, tras la oportuna verificación del cumplimiento de los requisitos que se establecen en el presente apartado.

Asimismo, durante el año 1998 podrán optar a esta acreditación aquellos profesionales que, en virtud de los conocimientos adquiridos y de su experiencia profesional anterior a la fecha de publicación de la Ley de Prevención de Riesgos Laborales, debidamente acreditados, cuenten con la cualificación necesaria para el desempeño de las funciones de nivel intermedio o de nivel superior en alguna de las especialidades de seguridad en el trabajo, higiene industrial y ergonomía y psicosociología aplicada.

En ambos casos, para poder optar a la acreditación que se solicita será necesario, como mínimo y sin perjuicio de lo dispuesto en el apartado 3, cumplir los siguientes requisitos:

a) Una experiencia no inferior a tres años a partir de 1985 en la realización de las funciones de nivel intermedio o del nivel superior descritas en los artículos 36 y 37, respectivamente, del Real Decreto 39/1997, de 17 de enero, para la acreditación del correspondiente nivel.

b) Acreditar una formación específica en materia preventiva no inferior a cien horas, computándose tanto la formación recibida como la impartida, cursada en algún organismo público o privado de reconocido prestigio; y

c) Contar con una titulación universitaria de primer o segundo ciclo para el caso de que se solicite la acreditación para el nivel superior.

3. Para expedir la certificación señalada en el apartado anterior, la autoridad laboral competente comprobará si se reúnen los requisitos exigidos para la acreditación que se solicita:

a) Por medio de la valoración de la documentación acreditativa de la titulación, que en su caso se posea, y de la correspondiente a los programas formativos de aquellos cursos recibidos que, dentro de los límites señalados en el apartado anterior, deberán incluir los contenidos sustanciales de los anexos V o VI de este Real Decreto, según el caso. Esta documentación será presentada por el solicitante, haciendo constar que éste los ha superado con suficiencia en entidades formativas con una solvencia y prestigio reconocidos en su ámbito.

b) Mediante la valoración y verificación de la experiencia, que deberá ser acorde con las funciones propias de cada nivel y, además, con la especialidad a acreditar en el caso del nivel superior, con inclusión de los cursos impartidos en su caso, acreditada por entidades o empresas donde haya prestado sus servicios; y

c) A través de la verificación de que se poseen los conocimientos necesarios en los aspectos no suficientemente demostrados en aplicación de lo dispuesto en los párrafos a) y b) anteriores, que completan lo exigido en los anexos V o VI de este Real Decreto, mediante la superación de las pruebas teórico-prácticas necesarias para determinar las capacidades y aptitudes exigidas para el desarrollo de las funciones recogidas en los artículos 36 ó 37.

Modificado por Real Decreto 780/1998, de 30 de abril, por el que se modifica el Real Decreto 39/1997, de 17 de enero, por el que se aprueba el Reglamento de los servicios de prevención. (BOE de 01-05-1998).

D.A. 6.ª Reconocimientos médicos previos al embarque de los trabajadores del mar.

En el sector marítimo-pesquero seguirá en vigor lo establecido, en materia de formación, información, educación y práctica de los reconocimientos médicos previos al embarque, en el Real Decreto 1414/1981, de 3 de julio, por el que se reestructura el Instituto Social de la Marina.

D.A. 7.ª Negociación colectiva.

En la negociación colectiva o mediante los acuerdos a que se refiere el artículo 83, apartado 3, del Estatuto de los Trabajadores, podrán establecerse criterios para la determinación de los medios personales y materiales de los servicios de prevención propios, del número de trabajadores designados, en su caso, por el empresario para llevar a cabo actividades de prevención y del tiempo y los medios de que dispongan para el desempeño de su actividad, en función del tamaño de la empresa, de los riesgos a que estén expuestos los trabajadores y de su distribución en la misma, así como en materia de planificación de la actividad preventiva y para la formación en materia preventiva de los trabajadores y de los delegados de prevención.

D.A. 8.ª Criterios de acreditación y autorización.

La Comisión Nacional de Seguridad y Salud en el Trabajo conocerá los criterios adoptados por las Administraciones laboral y sanitaria en relación con la acreditación de las entidados especializadas para poder actuar como servicios de prevención y con la autorización de las personas físicas o jurídicas que quieran desarrollar la actividad de auditoría, con el fin de poder informar y formular propuestas dirigidas a una adecuada coordinación entre las Administraciones.

D.A. 9.ª Disposiciones supletorias en materia de procedimientos administrativos.

En materia de procedimientos administrativos, en todo lo no previsto expresamente en la presente disposición, se estará a lo establecido en la Ley 30/1992, de 26 de noviembre, de Régimen Jurídico de las Administraciones Públicas y del Procedimiento Administrativo Común, y en el Real Decreto 1778/1994, de 5 de agosto, por el que se adecuan a dicha Ley las normas reguladoras de los procedimientos de otorgamiento, modificación y extinción de autorizaciones.

D.A. 10.ª Presencia de recursos preventivos en las obras de construcción.

En el ámbito de aplicación del Real Decreto 1627/1997, de 24 de octubre, por el que se establecen las disposiciones mínimas de seguridad y salud en las obras de construcción, la presencia en el centro de trabajo de los recursos preventivos de cada contratista prevista en la disposición adicional decimocuarta de la Ley 31/1995, de 8 de noviembre, de Prevención de Riesgos Laborales se aplicará en los términos establecidos en la disposición adicional única del citado Real Decreto 1627/1997.

Añadida por Real Decreto 604/2006, de 19 de mayo, por el que se modifican el Real Decreto 39/1997, de 17 de enero, por el que se aprueba el Reglamento de los Servicios de Prevención, y el Real Decreto 1627/1997, de 24 de octubre, por el que se establecen las disposiciones mínimas de seguridad y salud en las obras de construcción. (BOE de 29-05-2006).

D.A. 11.ª Actividades peligrosas a efectos de coordinación de actividades empresariales.

A efectos de lo previsto en el artículo 13.1.a) del Real Decreto 171/2004, de 30 de enero, por el que se desarrolla el artículo 24 de la Ley 31/1995, de 8 de noviembre, de Prevención de Riesgos Laborales, en materia de coordinación de actividades empresariales, se consideran actividades o procesos peligrosos o con riesgos especiales los incluidos en el Anexo I del presente real decreto.

Añadida por Real Decreto 604/2006, de 19 de mayo, por el que se modifican el Real Decreto 39/1997, de 17 de enero, por el que se aprueba el Reglamento de los Servicios de Prevención, y el Real Decreto

1627/1997, de 24 de octubre, por el que se establecen las disposiciones mínimas de seguridad y salud en las obras de construcción. (BOE de 29-05-2006).

D.A. 12.ª Actividades peligrosas a efectos del texto refundido de la Ley de Infracciones y Sanciones en el Orden Social, aprobada por el Real Decreto Legislativo 5/2000, de 4 de agosto.

1. A efectos de lo previsto en los apartados 7 y 8.a), del artículo 13 del texto refundido de la Ley de Infracciones y Sanciones en el Orden Social, aprobado por el Real Decreto Legislativo 5/2000, de 4 de agosto, se consideran actividades peligrosas o con riesgos especiales las incluidas en el Anexo I de este real decreto, siempre que su realización concurra con alguna de las siguientes situaciones:

a) Una especial dificultad para controlar las interacciones de las diferentes actividades desarrolladas en el centro de trabajo que puedan generar riesgos calificados como graves o muy graves.

b) Una especial dificultad para evitar que se desarrollen en el centro de trabajo, sucesiva o simultáneamente, actividades incompatibles entre sí desde la perspectiva de la seguridad y la salud de los trabajadores.

c) Una especial complejidad para la coordinación de las actividades preventivas como consecuencia del número de empresas y trabajadores concurrentes, del tipo de actividades desarrolladas y de las características del centro de trabajo.

2. A efectos de lo previsto en el artículo 13.8.b) de la Ley de Infracciones y Sanciones en el Orden Social, se consideran actividades peligrosas o con riesgos especiales las incluidas en el artículo 22 bis.1.b) de este real decreto.

Añadida por Real Decreto 604/2006, de 19 de mayo, por el que se modifican el Real Decreto 39/1997, de 17 de enero, por el que se aprueba el Reglamento de los Servicios de Prevención, y el Real Decreto 1627/1997, de 24 de octubre, por el que se establecen las disposiciones mínimas de seguridad y salud en las obras de construcción. (BOE de 29-05-2006).

D.A. 13.ª Servicios de ayuda a domicilio.

(ANULADA)

Disposición declarada nula por Sentencia de 29 de septiembre de 2025, de la Sala Tercera del Tribunal Supremo, que estima el recurso contencioso-administrativo 690/2024, interpuesto por la representación procesal de la Asociación de empresas de Servicios para la Dependencia, la Asociación estatal de entidades de servicios de atención a domicilio, la Federación empresarial de la Dependencia y el Círculo empresarial de atención a personas; contra el Real Decreto 893/2024, de 10 de septiembre, por el que se regula la protección de la seguridad y la salud en el ámbito del servicio del hogar familiar (BOE de 17-10-25).

Añadida por Real Decreto 893/2024, de 10 de septiembre, por el que se regula la protección de la seguridad y la salud en el ámbito del servicio del hogar familiar (BOE 11-09-2024).

DISPOSICIONES TRANSITORIAS

D.T. 1.ª Constitución de servicio de prevención propio.

Sin perjuicio del mantenimiento de aquellas actividades preventivas que se estuvieran realizando en la empresa en la fecha de entrada en vigor de esta disposición, los servicios de prevención propios que deban constituir las empresas de más de 250 trabajadores y hasta 1.000 trabajadores, de conformidad con lo dispuesto en los párrafos a) y b) del artículo 14, deberán estar en funcionamiento a más tardar el 1 de enero de 1999, con excepción de las empresas que realizan alguna de las actividades incluidas en el anexo I que lo harán el 1 de enero de 1998.

Hasta la fecha señalada en el párrafo anterior, las actividades preventivas en las empresas citadas deberán ser concertadas con una entidad especializada ajena a la empresa, salvo aquellas que vayan siendo asumidas progresivamente por la empresa mediante la designación de trabajadores, hasta su plena integración en el servicio de prevención que se constituya.

D.T. 2.ª Acreditación de Mutuas de Accidentes de Trabajo y Enfermedades Profesionales de la Seguridad Social.

A las Mutuas de Accidentes de Trabajo y Enfermedades Profesionales que al amparo de la autorización contenida en la disposición transitoria segunda de la Ley de Prevención de Riesgos Laborales desarrollen las funciones correspondientes a los servicios de prevención en relación con sus empresas asociadas, les será de aplicación lo establecido en los artículos 23 a 27 de esta norma en materia de acreditación y requisitos.

D.T. 3.ª Acreditación de la formación.

(DEROGADA)

Derogada por Real Decreto 337/2010, de 19 de marzo, por el que se modifican el Real Decreto 39/1997, de 17 de enero, por el que se aprueba el Reglamento de los Servicios de Prevención; el Real Decreto 1109/2007, de 24 de agosto, por el que se desarrolla la Ley 32/2006, de 18 de octubre, reguladora de la subcontratación en el sector de la construcción y el Real Decreto 1627/1997, de 24 de octubre, por el que se establecen disposiciones mínimas de seguridad y salud en obras de construcción. (BOE de 23-03-2010).

D.T. 4.ª Aplicación transitoria de los criterios de gestión de la prevención de riesgos laborales en hospitales y centros sanitarios públicos.

En tanto se desarrolla lo previsto en la disposición adicional cuarta, «Aplicación a las Administraciones públicas», la prevención de riesgos laborales en los hospitales y centros sanitarios públicos seguirá gestionándose con arreglo a los criterios y procedimientos hasta ahora vigentes, de modo que queden garantizadas las funciones de vigilancia y control de la salud de los trabajadores y las demás actividades de prevención a que se refiere el presente Reglamento. A estos efectos, se coordinarán las actividades de medicina preventiva con las demás funciones relacionadas con la prevención en orden a conseguir una actuación integrada e interdisciplinaria.

DISPOSICIONES DEROGATORIAS

D.DT. UNICA. Alcance de la derogación normativa.

Quedan derogadas cuantas disposiciones de igual o inferior rango se opongan a lo dispuesto en el presente Real Decreto y específicamente el Decreto 1036/1959, de 10 de junio, sobre Servicios Médicos de Empresa, y la Orden de 21 de noviembre de 1959 por la que se aprueba el Reglamento de los Servicios Médicos de Empresa.

El presente Real Decreto no afecta a la vigencia de las disposiciones especiales sobre prevención de riesgos profesionales en las explotaciones mineras, contenidas en el capítulo IV del Real Decreto 3255/1983, de 21 de diciembre, por el que se aprueba el Estatuto Minero, y en sus normas de desarrollo, así como las del Real Decreto 2857/1978, de 25 de agosto, por el que se aprueba el Reglamento General para el Régimen de la Minería, y el Real Decreto 863/1985, de 2 de abril, por el que se aprueba el Reglamento General de Normas Básicas de Seguridad Minera, y sus disposiciones complementarias.

DISPOSICIONES FINALES

D.F. 1.ª Habilitación reglamentaria.

1. Se autoriza al Ministro de Trabajo e Inmigración, previo informe de la Comisión Nacional de Seguridad y Salud en el Trabajo, para dictar cuantas disposiciones sean necesarias para la aplicación de lo establecido en el presente real decreto.

2. El Instituto Nacional de Seguridad e Higiene en el Trabajo elaborará y mantendrá actualizada una guía orientativa, de carácter no vinculante, para la elaboración de un documento único que contenga el plan de prevención de riesgos laborales, la evaluación de riesgos y la planificación de la actividad preventiva, según lo dispuesto en el artículo 5.3 de este Real Decreto.

Modificada por Real Decreto 337/2010, de 19 de marzo, por el que se modifican el Real Decreto 39/1997, de 17 de enero, por el que se aprueba el Reglamento de los Servicios de Prevención; el Real Decreto 1109/2007, de 24 de agosto, por el que se desarrolla la Ley 32/2006, de 18 de octubre, reguladora de la subcontratación en el sector de la construcción y el Real Decreto 1627/1997, de 24 de octubre, por el que se establecen disposiciones mínimas de seguridad y salud en obras de construcción. (BOE de 23-03-2010).

D.F. 2.ª Entrada en vigor.

El presente Real Decreto entrará en vigor a los dos meses de su publicación en el "Boletín Oficial del Estado", a excepción del apartado 2 del artículo 35, que lo hará a los doce meses, y de los apartados 2 de los artículos 36 y 37, que lo harán el 31 de diciembre de 1998.

Modificada por Real Decreto 780/1998, de 30 de abril, por el que se modifica el Real Decreto 39/1997, de 17 de enero, por el que se aprueba el Reglamento de los servicios de prevención. (BOE de 01-05-1998).

Dado en Madrid a 17 de enero de 1997.
JUAN CARLOS R.

El Ministro de Trabajo y Asuntos Sociales,
JAVIER ARENAS BOCANEGRA

ANEXO I

a) Trabajos con exposición a radiaciones ionizantes en zonas controladas según Real Decreto 53/1992, de 24 de enero, sobre protección sanitaria contra radiaciones ionizantes.

b) Trabajos con exposición a sustancias o mezclas causantes de toxicidad aguda de categoría 1, 2 y 3, y en particular a agentes cancerígenos, mutagénicos o tóxicos para la reproducción, de categoría 1A y 1B, según el Reglamento (CE) n.º 1272/2008, de 16 de diciembre de 2008, sobre clasificación, etiquetado y envasado de sustancias y mezclas.

c) Actividades en que intervienen productos químicos de alto riesgo y son objeto de la aplicación del Real Decreto 886/1988, de 15 de julio, y sus modificaciones, sobre prevención de accidentes mayores en determinadas actividades industriales.

d) Trabajos con exposición a agentes biológicos de los grupos 3 y 4, según la Directiva 90/679/CEE y sus modificaciones, sobre protección de los trabajadores contra los riesgos relacionados a agentes biológicos durante el trabajo.

e) Actividades de fabricación, manipulación y utilización de explosivos, incluidos los artículos pirotécnicos y otros objetos o instrumentos que contengan explosivos.

f) Trabajos propios de minería a cielo abierto y de interior, y sondeos en superficie terrestre o en plataformas marinas.

g) Actividades en inmersión bajo el agua.

h) Actividades en obras de construcción, excavación, movimientos de tierras y túneles, con riesgo de caída de altura o sepultamiento.

i) Actividades en la industria siderúrgica y en la construcción naval.

j) Producción de gases comprimidos, licuados o disueltos o utilización significativa de los mismos.

k) Trabajos que produzcan concentraciones elevadas de polvo silíceo.

l) Trabajos con riesgos eléctricos en alta tensión.

Letra b) modificada por Real Decreto 598/2015, de 3 de julio, por el que se modifican el Real Decreto 39/1997, de 17 de enero, por el que se aprueba el Reglamento de los servicios de prevención; el Real Decreto 485/1997, de 14 de abril, sobre disposiciones mínimas en materia de señalización de seguridad y salud en el trabajo; el Real Decreto 665/1997, de 12 de mayo, sobre la protección de los trabajadores contra los riesgos relacionados con la exposición a agentes cancerígenos durante el trabajo y el Real Decreto 374/2001, de 6 de abril, sobre la protección de la salud y seguridad de los trabajadores contra los riesgos relacionados con los agentes químicos durante el trabajo. (BOE de 04-07-2015).

Ver arts. 11, 14, 35 y D.A. 12.ª RSP.

ANEXO II

Notificación sobre concurrencia de condiciones que no hacen necesario recurrir a la auditoría del sistema de prevención de la empresa

Don: ....,

en calidad de: ....

de la empresa: ....,

declara que cumple las condiciones establecidas en el artículo 29 del Reglamento de Servicios de Prevención y en consecuencia aporta junto a la presente declaración los datos que se especifican a continuación, para su registro y consideración por la autoridad laboral competente.

Datos de la empresa:

De nueva creación [] Ya existente []	NIF:
Nombre o razón social:	CIF:
Domicilio social:	Municipio:
Provincia: Código postal:	Teléfono:
Actividad económica:	Entidad gestora o colaboradora A.T. y E.P.:
Clase de centro de trabajo (taller, oficina, almacén):	Número de trabajadores:
Realizada la evaluación de riesgos con fecha:	Superficie construida (m²):

Datos relativos a la prevención de riesgos:

Riesgos existentes	Actividad preventiva procedente

(Lugar, fecha, firma y sello de la empresa)

Ver art. 29.3 RSP.

ANEXO III

Criterios generales para el establecimiento de proyectos y programas formativos, para el desempeño de las funciones del nivel básico, medio y superior

Las disciplinas preventivas que servirán de soporte técnico serán al menos las relacionadas con la Medicina del Trabajo, la Seguridad en el Trabajo, la Higiene Industrial y la Ergonomía y Psicosociología aplicada.

El marco normativo en materia de prevención de riesgos laborales abarcará toda la legislación general; internacional, comunitaria y española, así como la normativa derivada específica para la aplicación de las técnicas preventivas, y su concreción y desarrollo en los convenios colectivos.

Los objetivos formativos consistirán en adquirir los conocimientos técnicos necesarios para el desarrollo de las funciones de cada nivel.

La formación ha de ser integradora de las distintas disciplinas preventivas que doten a los programas de las características multidisciplinar e interdisciplinar.

Los proyectos formativos se diseñarán con los criterios y la singularidad de cada promotor, y deberán establecer los objetivos generales y específicos, los contenidos, la articulación de las materias, la metodología concreta, las modalidades de evaluación, las recomendaciones temporales y los soportes y recursos técnicos.

Los programas formativos, a propuesta de cada promotor, y de acuerdo con los proyectos y diseño curriculares, establecerán una concreción temporalizada de objetivos y contenidos, su desarrollo metodológico, las actividades didácticas y los criterios y parámetros de evaluación de los objetivos formulados en cada programa.

Ver art. 34 RSP.

ANEXO IV

A) Contenido mínimo del programa de formación para el desempeño de las funciones de nivel básico

I. Conceptos básicos sobre seguridad y salud en el trabajo.
   a) El trabajo y la salud: los riesgos profesionales. Factores de riesgo.
   b) Daños derivados del trabajo. Los accidentes de trabajo y las enfermedades profesionales. Otras patologías derivadas del trabajo.
   c) Marco normativo básico en materia de prevención de riesgos laborales. Derechos y deberes básicos en esta materia.
   Total horas: 10.
II. Riesgos generales y su prevención.
   a) Riesgos ligados a las condiciones de seguridad.
   b) Riesgos ligados al medio-ambiente de trabajo.
   c) La carga de trabajo, la fatiga y la insatisfacción laboral.
   d) Sistemas elementales de control de riesgos. Protección colectiva e individual.
   e) Planes de emergencia y evacuación.
   f) El control de la salud de los trabajadores.
   Total horas: 25.
III. Riesgos específicos y su prevención en el sector correspondiente a la actividad de la empresa.
   Total horas: 5.
IV. Elementos básicos de gestión de la prevención de riesgos.
   a) Organismos públicos relacionados con la seguridad y salud en el trabajo.
   b) Organización del trabajo preventivo: «rutinas» básicas.
   c) Documentación: recogida, elaboración y archivo.
   Total horas: 5.
V. Primeros auxilios.
   Total horas: 5.

B) Contenido mínimo del programa de formación, para el desempeño de las funciones de nivel básico

I. Conceptos básicos sobre seguridad y salud en el trabajo.
   a) El trabajo y la salud: los riesgos profesionales. Factores de riesgo.
   b) Daños derivados del trabajo. Los accidentes de trabajo y las enfermedades profesionales. Otras patologías derivadas del trabajo.
   c) Marco normativo básico en materia de prevención de riesgos laborales. Derechos y deberes básicos en esta materia.
   Total horas: 7.
II. Riesgos generales y su prevención.
   a) Riesgos ligados a las condiciones de seguridad.
   b) Riesgos ligados al medio-ambiente de trabajo.
   c) La carga de trabajo, la fatiga y la insatisfacción laboral.
   d) Sistemas elementales de control de riesgos. Protección colectiva e individual.
   e) Planes de emergencia y evacuación.
   f) El control de la salud de los trabajadores.
   Total horas: 12.
III. Riesgos específicos y su prevención en el sector correspondiente a la actividad de la empresa.

Total horas: 5.
IV. Elementos básicos de gestión de la prevención de riesgos.
    a) Organismos públicos relacionados con la seguridad y salud en el trabajo.
    b) Organización del trabajo preventivo: «rutinas» básicas.
    c) Documentación: recogida, elaboración y archivo.
    Total horas: 4.
V. Primeros auxilios.
    Total horas: 2.

Ver arts. 34 y 35 RSP.

ANEXO V

Contenido mínimo del programa de formación, para el desempeño de las funciones de nivel intermedio

I. Conceptos básicos sobre seguridad y salud en el trabajo.
    a) El trabajo y la salud: los riesgos profesionales.
    b) Daños derivados del trabajo. Accidentes y enfermedades debidos al trabajo: conceptos, dimensión del problema. Otras patologías derivadas del trabajo.
    c) Condiciones de trabajo, factores de riesgo y técnicas preventivas.
    d) Marco normativo en materia de prevención de riesgos laborales. Derechos y deberes en esta materia.
    Total horas: 20.
II. Metodología de la prevención I: Técnicas generales de análisis, evaluación y control de los riesgos.
    1.º Riesgos relacionados con las condiciones de seguridad:
    Técnicas de identificación, análisis y evaluación de los riesgos ligados a:
        a) Máquinas.
        b) Equipos, instalaciones y herramientas.
        c) Lugares y espacios de trabajo.
        d) Manipulación, almacenamiento y transporte.
        e) Electricidad.
        f) Incendios.
        g) Productos químicos.
        h) Residuos tóxicos y peligrosos.
        i) Inspecciones de seguridad y la investigación de accidentes.
        j) Medidas preventivas de eliminación y reducción de riesgos.
    2.º Riesgos relacionados con el medioambiente de trabajo:
    1.ª Agentes físicos.
        a) Ruido.
        b) Vibraciones.
        c) Ambiente térmico.
        d) Radiaciones ionizantes y no ionizantes.
        e) Otros agentes físicos.
    2.ª Agentes químicos.
    3.ª Agentes biológicos.
    4.ª Identificación, análisis y evaluación general: metodología de actuación. La encuesta higiénica.
    5.ª Medidas preventivas de eliminación y reducción de riesgos.
    3.ª Otros riesgos:
        a) Carga de trabajo y fatiga: ergonomía.
        b) Factores psicosociales y organizativos: análisis y evaluación general.
        c) Condiciones ambientales: iluminación. Calidad de aire interior.
        d) Concepción y diseño de los puestos de trabajo.
    Total horas: 170.
III. Metodología de la prevención II: Técnicas específicas de seguimiento y control de los riesgos.
    a) Protección colectiva.
    b) Señalización e información. Envasado y etiquetado de productos químicos.
    c) Normas y procedimientos de trabajo. Mantenimiento preventivo.

d) Protección individual.
e) Evaluación y controles de salud de los trabajadores.
f) Nociones básicas de estadística: índices de siniestralidad.
Total horas: 40.
IV. Metodología de la prevención III: Promoción de la prevención.
    a) Formación: análisis de necesidades formativas. Técnicas de formación de adultos.
    b) Técnicas de comunicación, motivación y negociación. Campañas preventivas.
Total horas: 20.
V. Organización y gestión de la prevención.
    1.º Recursos externos en materia de prevención de riesgos laborales.
    2.º Organización de la prevención dentro de la empresa:
        a) Prevención integrada.
        b) Modelos organizativos.
    3.º Principios básicos de gestión de la prevención:
        a) Objetivos y prioridades.
        b) Asignación de responsabilidades.
        c) Plan de prevención.
    4.º Documentación.
    5.º Actuación en caso de emergencia:
        a) Planes de emergencia y evacuación.
        b) Primeros auxilios.
Total horas: 50.

Ver arts. 34 y 36 RSP.

ANEXO VI

Contenido mínimo del programa de formación, para el desempeño de las funciones de nivel superior

El programa formativo de nivel superior constará de tres partes:
I. Obligatoria y común, con un mínimo de 350 horas lectivas.
II. Especialización optativa, a elegir entre las siguientes opciones:
    A) Seguridad en el trabajo.
    B) Higiene industrial.
    C) Ergonomía y psicosociología aplicada.
    Cada una de ellas tendrá una duración mínima de 100 horas.
III. Realización de un trabajo final o de actividades preventivas en un centro de trabajo acorde con la especialización por la que se haya optado, con una duración mínima equivalente a 150 horas.
I. Parte común.
    1. Fundamentos de las técnicas de mejora de las condiciones de trabajo.
        a) Condiciones de trabajo y salud.
        b) Riesgos.
        c) Daños derivados del trabajo.
        d) Prevención y protección.
        e) Bases estadísticas aplicadas a la prevención.
Total horas: 20.
    2. Técnicas de prevención de riesgos laborales.
        1.º Seguridad en el trabajo:
            a) Concepto y definición de seguridad: técnicas de seguridad.
            b) Accidentes de trabajo.
            c) Investigación de accidentes como técnica preventiva.
            d) Análisis y evaluación general del riesgo de accidente.
            e) Norma y señalización en seguridad.
            f) Protección colectiva e individual.
            g) Análisis estadístico de accidentes.
            h) Planes de emergencia y autoprotección.

i) Análisis, evaluación y control de riesgos específicos: máquinas; equipos, instalaciones y herramientas; lugares y espacios de trabajo; manipulación, almacenamiento y transporte; electricidad; incendios; productos químicos.

j) Residuos tóxicos y peligrosos.

k) Inspecciones de seguridad e investigación de accidentes.

l) Medidas preventivas de eliminación y reducción de riesgos.

Total horas: 70.

2.º Higiene industrial:

a) Higiene industrial. Conceptos y objetivos.

b) Agentes químicos. Toxicología laboral.

c) Agentes químicos. Evaluación de la exposición.

d) Agentes químicos. Control de la exposición: principios generales; acciones sobre el foco contaminante; acciones sobre el medio de propagación. Ventilación; acciones sobre el individuo: equipos de protección individual: clasificación.

e) Normativa legal específica.

f) Agentes físicos: características, efectos, evaluación y control: ruido, vibraciones, ambiente térmico, radiaciones no ionizantes, radiaciones ionizantes.

g) Agentes biológicos. Efectos, evaluación y control.

Total horas: 70.

3.º Medicina del trabajo:

a) Conceptos básicos, objetivos y funciones.

b) Patologías de origen laboral.

c) Vigilancia de la salud.

d) Promoción de la salud en la empresa.

e) Epidemiología laboral e investigación epidemiológica.

f) Planificación e información sanitaria.

g) Socorrismo y primeros auxilios.

Total horas: 20.

4.º Ergonomía y psicosociología aplicada:

a) Ergonomía: conceptos y objetivos.

b) Condiciones ambientales en ergonomía.

c) Concepción y diseño del puesto de trabajo.

d) Carga física de trabajo.

e) Carga mental de trabajo.

f) Factores de naturaleza psicosocial.

g) Estructura de la organización.

h) Características de la empresa, del puesto e individuales.

i) Estrés y otros problemas psicosociales.

j) Consecuencias de los factores psicosociales nocivos y su evaluación.

k) Intervención psicosocial.

Total horas: 40.

3. Otras actuaciones en materia de prevención de riesgos laborales.

1.º Formación:

a) Análisis de necesidades formativas.

b) Planes y programas.

c) Técnicas educativas.

d) Seguimiento y evaluación.

2.º Técnicas de comunicación, información y negociación:

a) La comunicación en prevención, canales y tipos.

b) Información. Condiciones de eficacia.

c) Técnicas de negociación.

Total horas: 30.

4. Gestión de la prevención de riesgos laborales.

a) Aspectos generales sobre administración y gestión empresarial.

b) Planificación de la prevención.

c) Organización de la prevención.

d) Economía de la prevención.

e) Aplicación a sectores especiales: construcción, industrias extractivas, transporte, pesca y agricultura.

Total horas: 40.
5. Técnicas afines.
   a) Seguridad del producto y sistemas de gestión de la calidad.
   b) Gestión medioambiental.
   c) Seguridad industrial y prevención de riesgos patrimoniales.
   d) Seguridad vial.
Total horas: 20.
6. Ámbito jurídico de la prevención.
   a) Nociones de derecho del trabajo.
   b) Sistema español de la seguridad social.
   c) Legislación básica de relaciones laborales.
   d) Normativa sobre prevención de riesgos laborales.
   e) Responsabilidades en materia preventiva.
   f) Organización de la prevención en España.
Total horas: 40.
II. Especialización optativa.
   A) Área de Seguridad en el Trabajo: Deberá acreditarse una formación mínima de 100 horas prioritariamente como profundización en los temas contenidos en el apartado 2.1.º de la parte común.
   B) Área de Higiene Industrial: Deberá acreditarse una formación mínima de 100 horas, prioritariamente como profundización en los temas contenidos en el apartado 2.2.º de la parte común.
   C) Área de Ergonomía y Psicosociología aplicada: Deberá acreditarse una formación mínima de 100 horas, prioritariamente como profundización en los temas contenidos en el apartado 2.4.º de la parte común.

Ver art. 34 RSP.

ANEXO VII

Lista no exhaustiva de agentes, procedimientos y condiciones de trabajo que pueden influir negativamente en la salud de las trabajadoras embarazadas o en período de lactancia natural, del feto o del niño durante el período de lactancia natural

A. Agentes.
   1. Agentes físicos, cuando se considere que puedan implicar lesiones fetales o provocar un desprendimiento de la placenta, en particular:
      a) Choques, vibraciones o movimientos.
      b) Manipulación manual de cargas pesadas que supongan riesgos, en particular dorsolumbares.
      c) Ruido.
      d) Radiaciones no ionizantes.
      e) Frío y calor extremos.
      f) Movimientos y posturas, desplazamientos, tanto en el interior como en el exterior del centro de trabajo, fatiga mental y física y otras cargas físicas vinculadas a la actividad de la trabajadora embarazada, que haya dado a luz o en período de lactancia.
   2. Agentes biológicos.—Agentes biológicos de los grupos de riesgo 2, 3 y 4, según la clasificación de los agentes biológicos establecida en el Real Decreto 664/1997, de 12 de mayo, sobre la protección de los trabajadores contra los riesgos relacionados con la exposición a agentes biológicos durante el trabajo, en la medida en que se sepa que dichos agentes o las medidas terapéuticas que necesariamente traen consigo ponen en peligro la salud de las trabajadoras embarazadas o del feto y siempre que no figuren en el anexo VIII.
   3. Agentes químicos.—Los siguientes agentes químicos, en la medida en que se sepa que ponen en peligro la salud de las trabajadoras embarazadas o en período de

lactancia, del feto o del niño durante el período de lactancia natural y siempre que no figuren en el anexo VIII:
- a) Las sustancias etiquetadas como H340, H341, H350, H351, H361, H371, H361d, H361f, H350i y H361fd por el Reglamento (CE) n.° 1272/2008 del Parlamento Europeo y del Consejo, de 16 de diciembre de 2008, sobre clasificación, etiquetado y envasado de sustancias y mezclas.
- b) Los agentes químicos que figuran en los anexos I y III del Real Decreto 665/1997, de 12 de mayo, sobre la protección de los trabajadores contra los riesgos relacionados con la exposición a agentes cancerígenos durante el trabajo.
- c) Mercurio y derivados.
- d) Medicamentos antimitóticos.
- e) Monóxido de carbono.
- f) Agentes químicos peligrosos de reconocida penetración cutánea.

B. Procedimientos.

Procedimientos industriales que figuran en el anexo I del Real Decreto 665/1997, de 12 de mayo, sobre la protección de los trabajadores contra los riesgos relacionados con la exposición a agentes cancerígenos durante el trabajo.

Apdo. 3.a) de la Parte A) modificado por Real Decreto 598/2015, de 3 de julio, por el que se modifican el Real Decreto 39/1997, de 17 de enero, por el que se aprueba el Reglamento de los servicios de prevención; el Real Decreto 485/1997, de 14 de abril, sobre disposiciones mínimas en materia de señalización de seguridad y salud en el trabajo; el Real Decreto 665/1997, de 12 de mayo, sobre la protección de los trabajadores contra los riesgos relacionados con la exposición a agentes cancerígenos durante el trabajo y el Real Decreto 374/2001, de 6 de abril, sobre la protección de la salud y seguridad de los trabajadores contra los riesgos relacionados con los agentes químicos durante el trabajo. (BOE de 04-07-2015).

ANEXO VIII

Lista no exhaustiva de agentes y condiciones de trabajo a los cuales no podrá haber riesgo de exposición por parte de trabajadoras embarazadas o en período de lactancia natural

A. Trabajadoras embarazadas.
1. Agentes.
- a) Agentes físicos:
  Radiaciones ionizantes.
  Trabajos en atmósferas de sobrepresión elevada, por ejemplo, en locales a presión, submarinismo.
- b) Agentes biológicos:
  Toxoplasma.
  Virus de la rubeola.
  Salvo si existen pruebas de que la trabajadora embarazada está suficientemente protegida contra estos agentes por su estado de inmunización.
- c) Agentes químicos:
  Las sustancias etiquetadas como H360, H360D, H360F, H360FD, H360Fd, H360Df y H370 por el Reglamento (CE) n.° 1272/2008 del Parlamento Europeo y del Consejo, de 16 de diciembre de 2008, sobre clasificación, etiquetado y envasado de sustancias y mezclas.
  Las sustancias cancerígenas y mutágenas, de categoría 1A y 1B incluidas en la parte 3 del Anexo VI del Reglamento (CE) n.° 1272/2008, de 16 de diciembre de 2008, sobre clasificación, etiquetado y envasado de sustancias y mezclas.
  Plomo y derivados, en la medida en que estos agentes sean susceptibles de ser absorbidos por el organismo humano.
2. Condiciones de trabajo.–Trabajos de minería subterráneos.

B. Trabajadoras en período de lactancia.
   1. Agentes químicos:
   Las sustancias etiquetadas como H362 por el Reglamento (CE) n.º 1272/2008 del Parlamento Europeo y del Consejo, de 16 de diciembre de 2008, sobre clasificación, etiquetado y envasado de sustancias y mezclas.
   Las sustancias cancerígenas y mutágenas, de categoría 1A y 1B incluidas en la parte 3 del Anexo VI del Reglamento (CE) n.º 1272/2008, de 16 de diciembre de 2008, sobre clasificación, etiquetado y envasado de sustancias y mezclas.
   Plomo y derivados, en la medida en que estos agentes sean susceptibles de ser absorbidos por el organismo humano.
   2. Condiciones de trabajo.–Trabajos de minería subterráneos.

Apdo. 1.c) de la parte A) y apdo. 1 de la Parte B) modificados por Real Decreto 598/2015, de 3 de julio, por el que se modifican el Real Decreto 39/1997, de 17 de enero, por el que se aprueba el Reglamento de los servicios de prevención; el Real Decreto 485/1997, de 14 de abril, sobre disposiciones mínimas en materia de señalización de seguridad y salud en el trabajo; el Real Decreto 665/1997, de 12 de mayo, sobre la protección de los trabajadores contra los riesgos relacionados con la exposición a agentes cancerígenos durante el trabajo y el Real Decreto 374/2001, de 6 de abril, sobre la protección de la salud y seguridad de los trabajadores contra los riesgos relacionados con los agentes químicos durante el trabajo. (BOE de 04-07-2015).

ÍNDICE ANALÍTICO

A

ABANDONO DEL TRABAJO
Abandono del lugar de trabajo por riesgo grave e inminente, 21.2 I

ACCIDENTES LABORALES
Documentación, 23.1 I
Notificación por escrito a la autoridad laboral, 23.3 I

ACTIVIDADES EXCLUIDAS
Actividades excluidas de la LPRL, 3 I

ACTIVIDAD POTENCIALMENTE PELIGROSA
Concepto, 4.5.º

ACTIVIDAD PREVENTIVA
Actividad preventiva simplificada, 16.2.bis I
Desarrollo de la actividad preventiva, 1.3, 10 a 22 bis II
Integración de la actividad preventiva en la empresa, 1 II
Planificación de la actividad preventiva, 16 I
Principios de la acción preventiva, 15 I
Seguimiento continuo por parte del empresario, 14.2 I
Ver RECURSOS PREVENTIVOS

ASESORAMIENTO
Asesoramiento técnico a las empresas de hasta veinticinco trabajadores, D.A. 17.ª I

AUDITORÍA
Auditoría de los servicios de prevención, 30.6 y 30.7 I

C

CENTROS Y ESTABLECIMIENTOS MILITARES
Aplicación especial de la LPRL, 3.3, D.A. 9.ª, D.A. 9.ª bis I

CENTROS Y ESTABLECIMIENTOS PENITENCIARIOS
Aplicación especial de la LPRL, 3.3 I

CESACIÓN DE ACTIVIDAD
Remisión de documentación de prevención a la autoridad laboral, 23.2 I
Ver CIERRE DEL CENTRO DE TRABAJO

CIERRE DEL CENTRO DE TRABAJO
Suspensión o cierre del centro de trabajo, 53 I

COMISIÓN NACIONAL DE SEGURIDAD Y SALUD EN EL TRABAJO
Comisión Nacional de Seguridad y Salud en el Trabajo, 13 I

COMITÉ DE SEGURIDAD Y SALUD
Comité de Seguridad y Salud, 38 I
Competencias y facultades, 39 I

CONDICIÓN DE TRABAJO
Concepto, 4.6.º I

CONSULTA
Consulta del empresario a los trabajadores, 18.2, 33 I

CONVENIOS COLECTIVOS
Desarrollo y mejora de la LPRL, 2.2 |
COORDINACIÓN ADMINISTRATIVA
Coordinación administrativa, 11 |

D

DAÑO DERIVADO DEL TRABAJO
Concepto, 4.3.º |
Producción de daño a trabajadores, 16.3 |
DAÑO GRAVE
Riesgo laboral grave e inminente, 4.4.º |
DATOS MÉDICOS DE LOS TRABAJADORES
Ver VIGILANCIA DE LA SALUD
DEBERES DEL EMPRESARIO
Costear las medidas de seguridad y salud, 14.5 |
Cumplimiento de la normativa, 14.3 |
Deber de protección de los trabajadores, 14 |
Documentar la prevención de riesgos, 23 |
Información a trabajadores en protección laboral, 14, 15 |
Instrucciones a los trabajadores, 15.1.i) |
Seguimiento continuo de la actividad preventiva, 14.2 |
Ver INCUMPLIMIENTO
DEBERES DE LOS TRABAJADORES
Obligaciones de los trabajadores en materia de prevención de riesgos, 29 |
Incumplimiento de las obligaciones, 29.3 |
DELEGADOS DE PREVENCIÓN
Delegados de prevención, 35 |
Competencias y facultades, 36 |
Designación en supuestos especiales, D.A. 4.ª |
Garantías y sigilo profesional, 37 |
Ver COMITÉ DE SEGURIDAD Y SALUD
DENUNCIA
Denuncia de medidas de protección insuficientes, 40 |
DERECHOS DE LOS TRABAJADORES
Derecho a la protección frente a los riesgos laborales, 14 |
Información, consulta y participación de los trabajadores, 18 |
DERECHO NECESARIO MÍNIMO INDISPONIBLE
Carácter de las disposiciones de la LPRL, 2.2 |
DOCUMENTACIÓN
Documentación relativa a las obligaciones de prevención de riesgos, 23 |

E

EMBARAZO
Ver MATERNIDAD
EMPLEADOS DE HOGAR
Ver SERVICIO DEL HOGAR FAMILIAR
EMPRESARIOS
Participación en la gestión de la prevención de riesgos, 12 |
EMPRESAS DE TRABAJO TEMPORAL
Protección de trabajadores a través de empresas de trabajo temporal, 28.5 |
ENFERMEDAD
Enfermedad laboral, 4.3.º |
Documentación, 23.1 |

EQUIPO DE PROTECCIÓN INDIVIDUAL
Concepto, 4.8.º
Uso de equipos de protección individual, 17.2 I
EQUIPO DE TRABAJO
Adecuación de los equipos de trabajo, 17.1 I
Aportación de los mismos por el empresario, 17.2 I
Concepto, 4.6.º I
EQUIPO POTENCIALMENTE PELIGROSO
Concepto, 4.5.º I
EXPOSICIÓN A AGENTES DAÑINOS PARA LA SALUD
Riesgo laboral grave e inminente, 4.4.º I
EVALUACIÓN DE RIESGOS
Evaluación de riesgos, 14.2, 15, 16.2 I; 3 a 7 II
Documentación, 23.1 I; 7 II
Evaluación de riesgos simplificada, 16.2bis I

F

FERTILIDAD
Trabajadores especialmente sensibles a determinados riesgos, 25 I
FORMACIÓN DE LOS TRABAJADORES
Empresas que desarrollan actividades formativas, D.A. 16.ª I
Formación de los trabajadores en prevención de riesgos, 14.2, 19 I
FUERZAS ARMADAS
Exclusión de la LPRL, 3.2 I

G

GRUPOS DE EMPRESAS
Coordinación de actividades de prevención en el mismo centro de trabajo, 24 I
GUARDIA CIVIL
Exclusión de la LPRL, 3.2 I

I

IMPRUDENCIA
Imprudencia no temeraria, 15.4 I
INCUMPLIMIENTO
Incumplimiento de deberes del empresario en prevención, 40, 42 I
INDEMNIZACIONES
Indemnizaciones, 42 I
INFORMACIÓN A LOS TRABAJADORES
Información a trabajadores en protección laboral, 14, 15, 18 I
Información a trabajadores temporales en protección laboral, 28.2 I
INFRACCIONES
Existencia de infracción a la normativa, 43, 45 I
INSPECCIÓN DE TRABAJO Y SEGURIDAD SOCIAL
Inspección de Trabajo y Seguridad Social, 9, 40, 43 I
INSTITUTO NACIONAL DE SEGURIDAD E HIGIENE EN EL TRABAJO
Instituto Nacional de Seguridad e Higiene en el Trabajo, 8 I
INVESTIGACIÓN
Realización de investigación cuando se produce un daño, 16.3 I

L

LACTANCIA
Protección de trabajadoras en período de lactancia, 26 I
LESIONES
Lesión laboral, 4.3.º I

M

MATERNIDAD
Protección de trabajadoras embarazadas, 26 I
MEDIDAS DE EMERGENCIA
Medidas de emergencia, 20 I
MEDIDAS DE PREVENCIÓN
Medidas de prevención insuficientes, 16.3, 40 I
MENORES
Protección de trabajadores menores, 27 I

N

NORMATIVA SOBRE PREVENCIÓN DE RIESGOS LABORALES
Ámbito de aplicación, 3.1 I
Exclusiones, 3 I
Extensión, 1 I

O

OBLIGACIONES DE LOS FABRICANTES, IMPORTADORES Y SUMINISTRADORES
Obligaciones de los fabricantes, importadores y suministradores, 41 I
OBLIGACIONES DE LOS TRABAJADORES
Ver DEBERES DE LOS TRABAJADORES
OBLIGACIONES DEL EMPRESARIO
Ver DEBERES DEL EMPRESARIO
OPERACIÓN POTENCIALMENTE PELIGROSA
Concepto, 4.5.º I

P

PARALIZACIÓN DE TRABAJOS
Paralización de la actividad laboral, 44 I
PARTICIPACIÓN
Participación de los trabajadores en cuestiones de seguridad y salud, 18.2, 34 I; 1 II
Ver DELEGADOS DE PREVENCIÓN y COMITÉ DE SEGURIDAD Y SALUD
PLAN DE PREVENCIÓN DE RIESGOS LABORALES
Plan de prevención de riesgos laborales, 14.2, 15.1.g), 16 I; 2 II
Documentación, 23.1 I
Plan de prevención de riesgos laborales simplificado, 16.2bis I
PLANIFICACIÓN DE LA ACTIVIDAD PREVENTIVA
Planificación de la actividad preventiva, 16 I; 8 y 9 II
Documentación, 23.1 I
POLICÍA
Exclusión de la LPRL, 3.2 I

POLÍTICA DE PREVENCIÓN DE RIESGOS
Actuaciones de las Administraciones públicas, 7 I
Normas reglamentarias, 6 I
Objetivos, 5 I
PREVENCIÓN
Concepto, 4.1.º I
PROCESO POTENCIALMENTE PELIGROSO
Concepto, 4.5.º I
PRODUCTO POTENCIALMENTE PELIGROSO
Concepto, 4.5.º I
PROMOCIÓN DE LA SEGURIDAD Y SALUD DE LOS TRABAJADORES
Objeto de la LPRL, 2 I
PROTECCIÓN CIVIL
Exclusión de la LPRL, 3.2 I
PROTECCIÓN COLECTIVA
Protección colectiva frente a protección individual, 15.1.h) I
PROTECCIÓN EFICAZ
Derecho a protección eficaz, 14 I

R

RECONOCIMIENTO MÉDICO
Ver VIGILANCIA DE LA SALUD
RECURSOS PREVENTIVOS
Organización de recursos para las actividades preventivas, 10 a 22 bis II
Presencia en el centro de trabajo de los recursos preventivos, 32 bis I
Presencia de recursos preventivos en las obras de construcción, D.A. 14.ª I
REQUERIMIENTO
Requerimientos de la Inspección de Trabajo y Seguridad Social, 43 I
RESPONSABILIDAD
Incumplimiento de deberes del empresario en prevención, 42 I
RIESGO LABORAL
Concepto, 4.2.º I
Evaluación de los riesgos, 16 I
Riesgo inevitable, 14.2 I
Riesgo laboral grave e inminente, 4.4.º, 14.2, 21 I

S

SANCIONES
Competencia, 7 I
SEGUROS
Cobertura de riesgos mediante seguros, 15.5 I
SERVICIO DEL HOGAR FAMILIAR
Exclusión de la LPRL, 3.4 I
SERVICIOS DE PREVENCIÓN
Asunción por el empresario de la actividad preventiva, 10, 11 II
Auditoría, 30.6 y 30.7 I; 29 a 33 bis II
Colaboración con el Sistema Nacional de Salud, 38 y 39 II
Mutuas, 32 I; 22, D.T. 2.ª II
Servicio de prevención ajeno, 30, 31 I; 10, 16, 17 II
Concierto de la actividad, 20 II
Entidades especializadas, 17 a 19, 23 a 28 II
Funciones a realizar 34 a 37 II
Clasificación, 34 II

Funciones de nivel básico, 35 II
Funciones de nivel intermedio, 36 II
Funciones de nivel superior, 37 II
Servicios de prevención mancomunados, 21 II
Servicio de prevención propio, 30.5 I; 10, 14, 15 II
Trabajador/es encargado del servicio, 30 I; 10, 12, 13 II

SUBCONTRATACIÓN
Subcontratación, 24.4 I

SUSPENSIÓN DEL CENTRO DE TRABAJO
Suspensión o cierre del centro de trabajo, 53 I

T

TRABAJADORES
Derechos, 14 I
Trabajadores especialmente sensibles a determinados riesgos, 25 I

TRABAJOS TEMPORALES
Protección de trabajadores con contrato temporal, 28 I
Protección de trabajadores a través de empresas de trabajo temporal, 28.5 I

V

VIGILANCIA DE LA SALUD
Vigilancia de la salud, 14.2, 22, 28.3 I; 11 II
Documentación, 23.1 I

Z

ZONAS DE RIESGO GRAVE Y ESPECÍFICO
Zonas de riesgo grave y específico, 15.3 I